avec le stylo électronique bip/pen

L'imagier des 1 000 mots

Illustrations de Muriel Lattay

3/5 ans

Note aux parents

L'imagier des 1 000 mots s'adresse aux enfants à partir de 3 ans. Il leur permet d'aller à la découverte des mots de la langue d'une manière ludique, à travers des illustrations et des jeux.

Chaque mot est représenté par son image et donne lieu à des jeux de nature différente. L'intérêt de ces jeux est de mettre en relation les mots entre eux. Si on demande à l'enfant de trouver les mots «qui vont avec» ou «qui ne vont pas avec» un mot choisi, il découvre en s'amusant le principe de construction des catégories.

De même, s'il doit trouver, dans plusieurs mots, un son existant dans un mot sélectionné, il acquerra un principe fondamental dans l'acquisition de la lecture.

Grâce au BipPen, l'enfant peut à tout moment savoir si sa réponse est juste ou fausse. Ainsi, au plaisir de lire avec un adulte ou un aîné, s'ajoute celui de trouver ou de vérifier seul, s'il le désire, la solution.

Comment jouer avec le stylo bip/pen ?

Le bip/pen permet de tester soi-même ses réponses aux jeux ; essaye-le sur cette page :

Appuie sur ces motifs, en tenant ton bip/pen bien droit :

●

le son est continu (biiiip) et la lumière rouge s'allume. Cela veut dire que la réponse est mauvaise et qu'il faut chercher une autre solution ;

●

le son est discontinu (bip, bip, bip) et la lumière verte s'allume. Cela veut dire que la réponse est correcte.

Sommaire

Jeux d'observation

le lion

Quel est le plus petit de tous ces animaux ?

le football

Dans quels sports utilise-t-on une balle ou un ballon ?

le tennis

le ping-pong

le basket-ball

le karaté

la boxe

l'ampoule

Qu'est-ce qui ne sert pas à éclairer ?

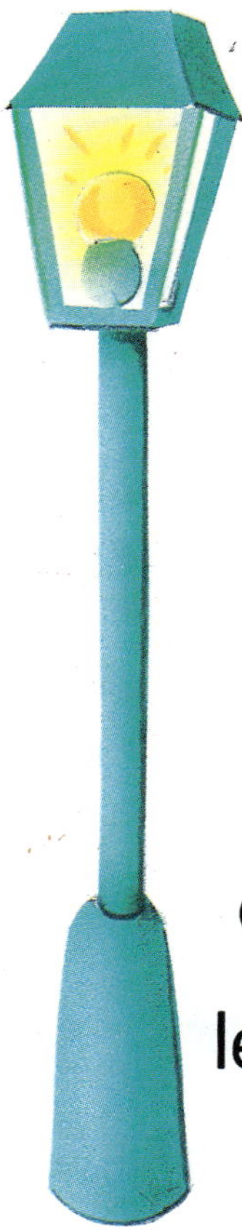

● le réverbère

la chandelle ●

● la lanterne

● la lampe

● le four

le potager

Quels éléments se trouvent dans la scène ?

la pelle

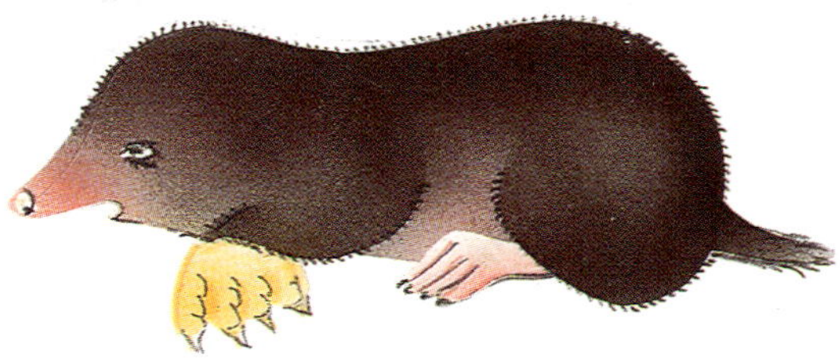

la taupe

le râteau

la ruche

le tuyau d'arrosage

la haie

la robe

Où sont les vêtements à pois ?

la chemise

le visage

Qu'est-ce qui fait partie du visage ?

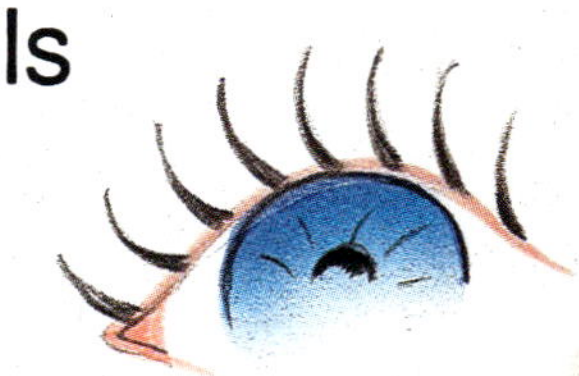

les cils

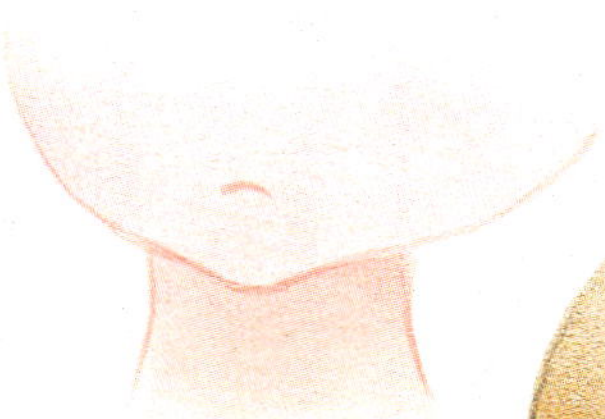

le menton

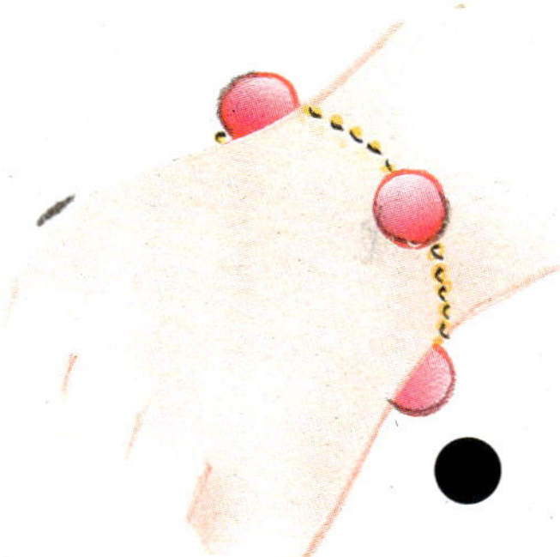

le poignet

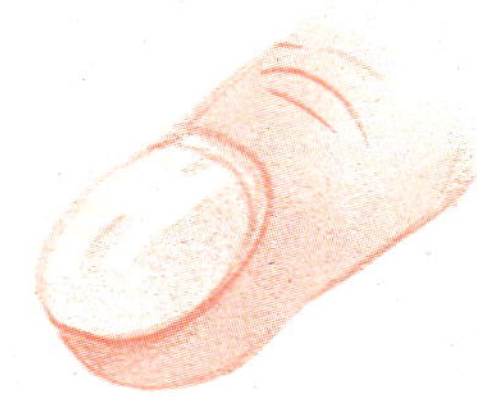

l'ongle

le sourcil

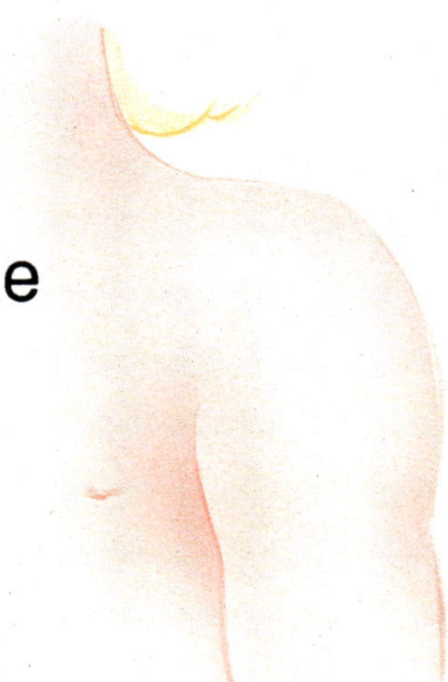

l'épaule

le front

le kangourou

Quels animaux ont des poils ?

le jaune

Qu'est-ce qui est jaune ?

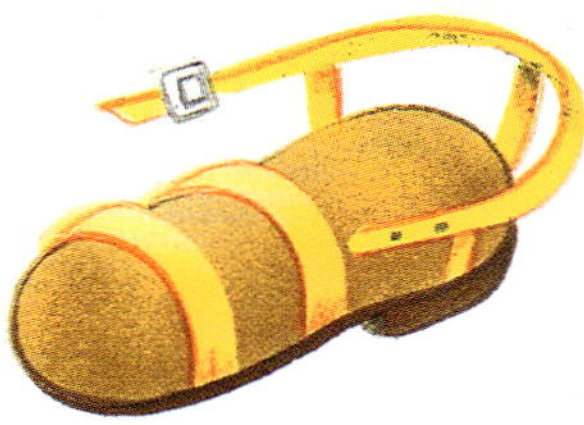

le marteau-piqueur

la sandale

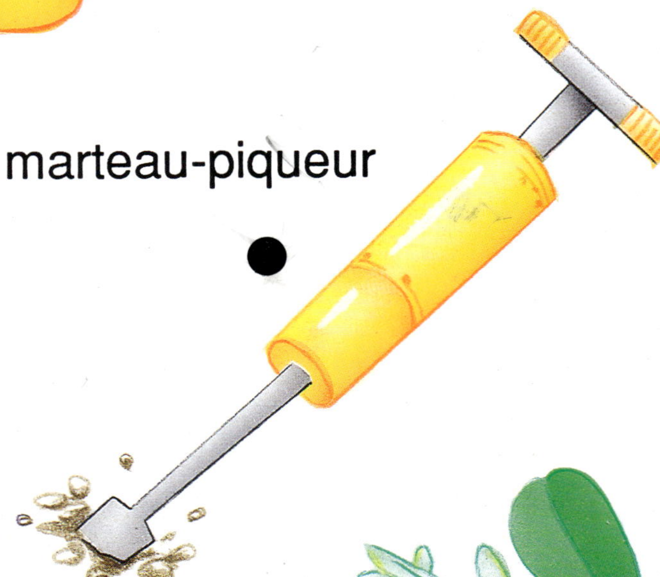

la farine

la robe de chambre

la vanille

le bibelot

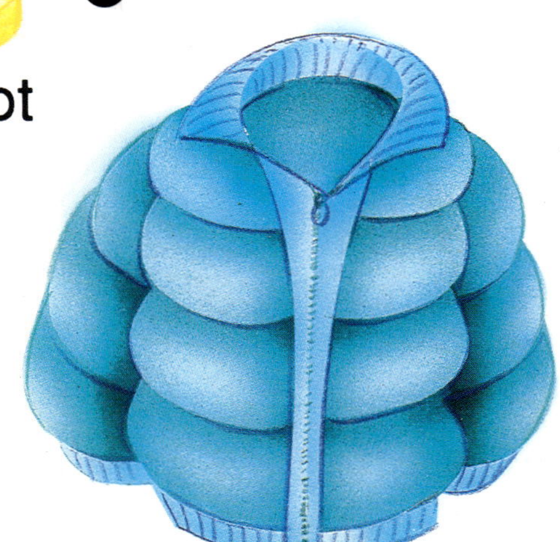

le blouson

la vitre

Qu'est-ce qui est transparent ?

la bulle de savon

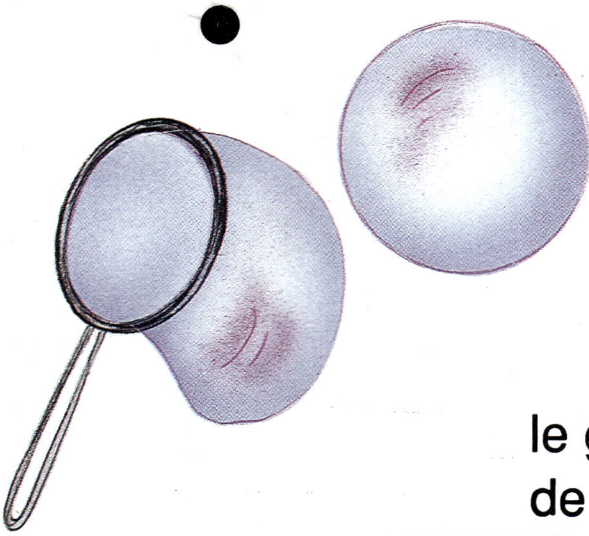

le grain
de beauté

les larmes

le sifflet

la boue

les lunettes de soleil

la maison

Quelle est la plus haute des constructions ?

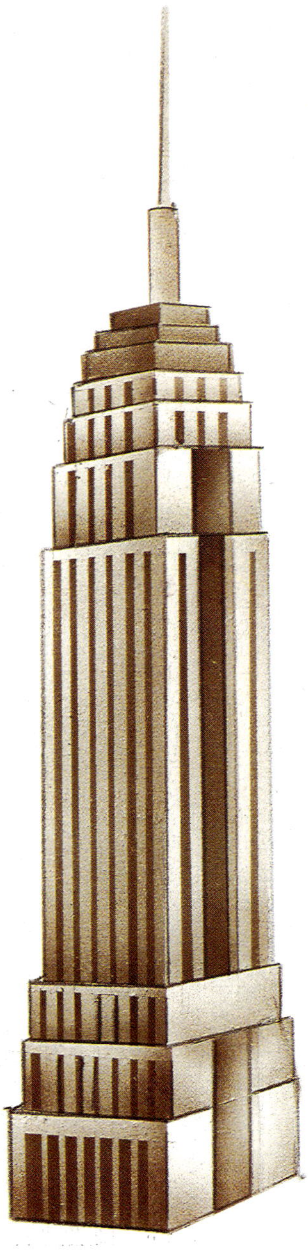

la ferme

le chalet

l'immeuble

le gratte-ciel

le pavillon

l'âne

Quels sont les animaux
à 4 pattes ?

le rouge

Qu'est-ce qui est rouge ?

la tulipe

la tomate

la cerise

le cactus

la citrouille

le cœur

le sang

le corps

Qu'est-ce qui fait partie du corps ?

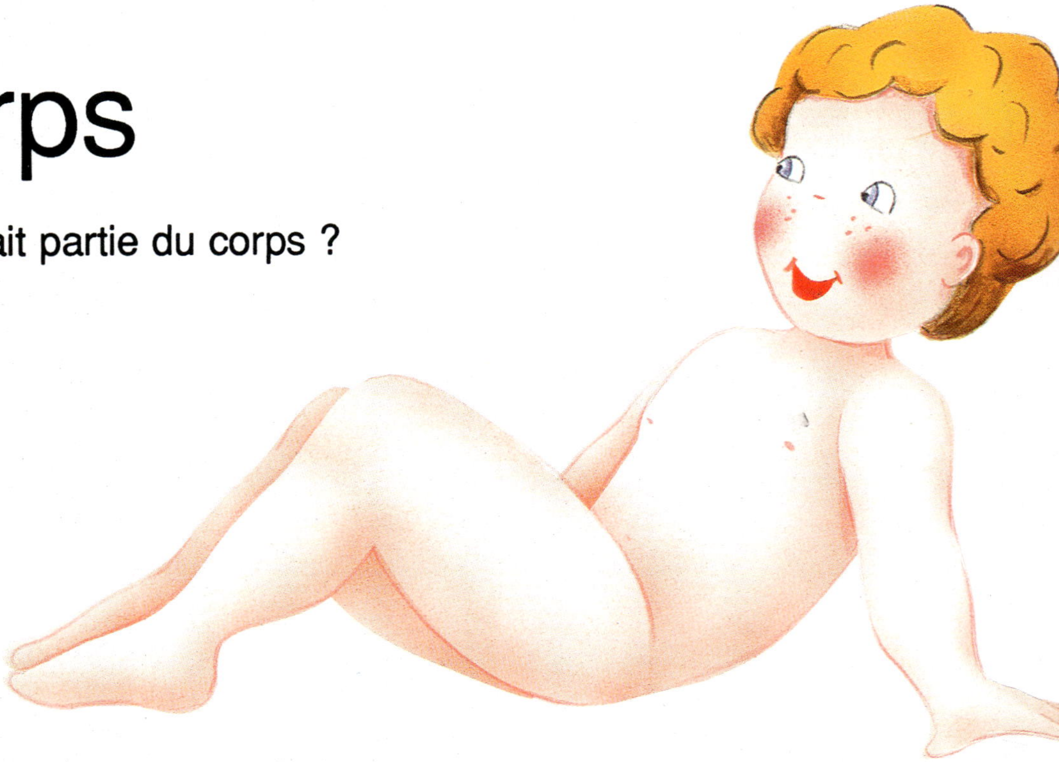

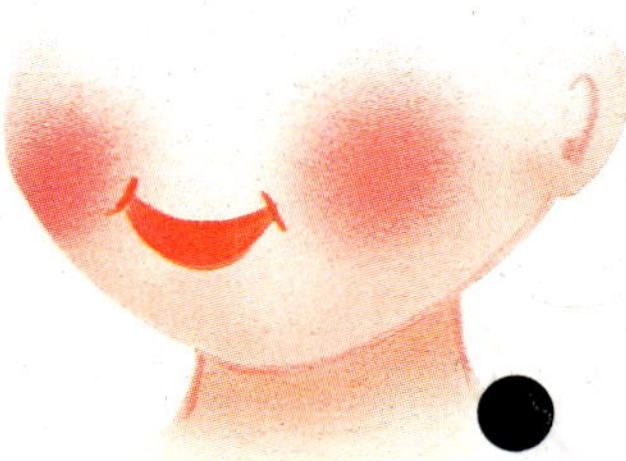

la joue

le ventre

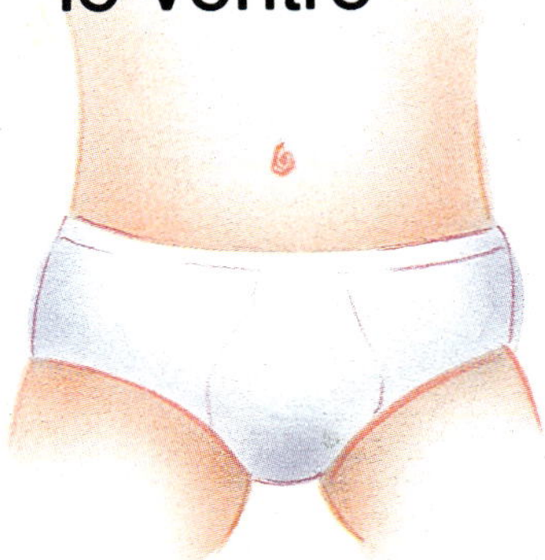

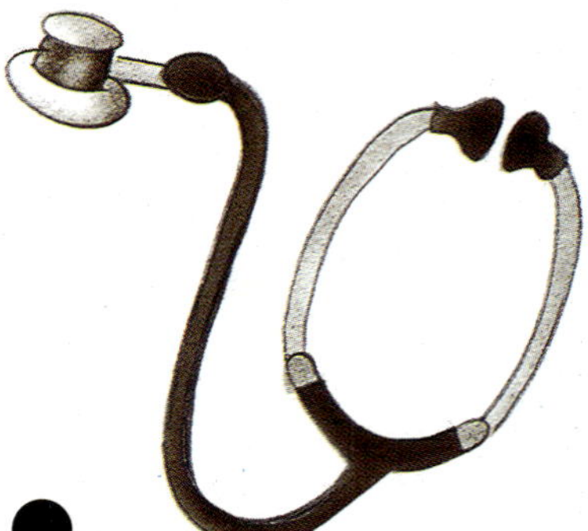

le stéthoscope

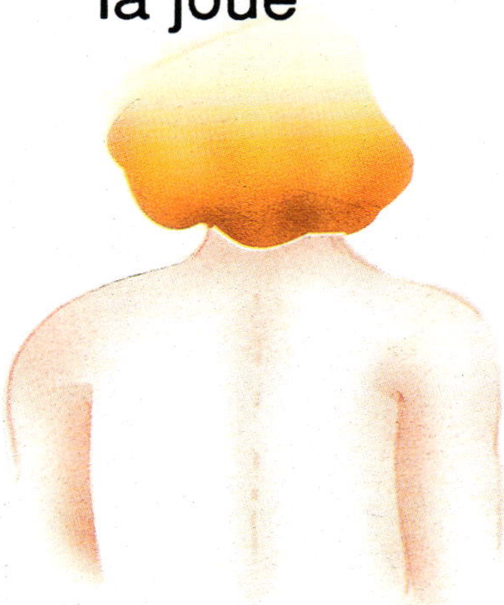

le dos

le bras

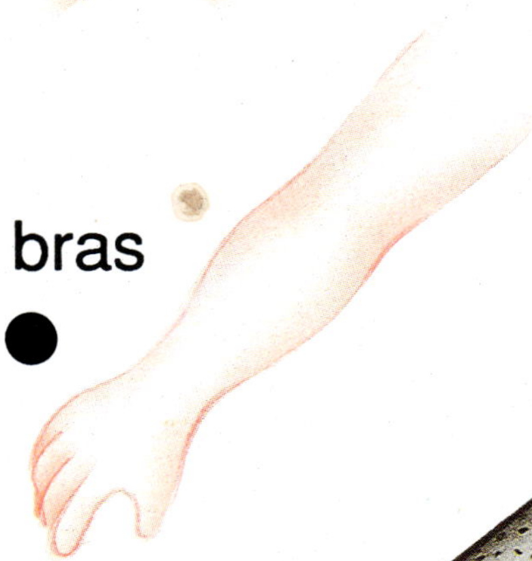

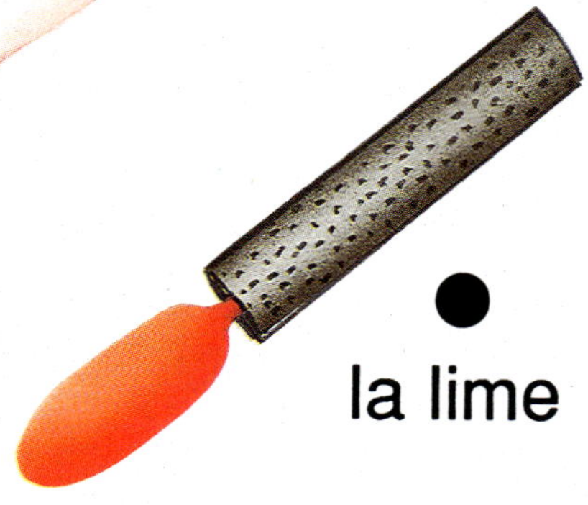

la lime

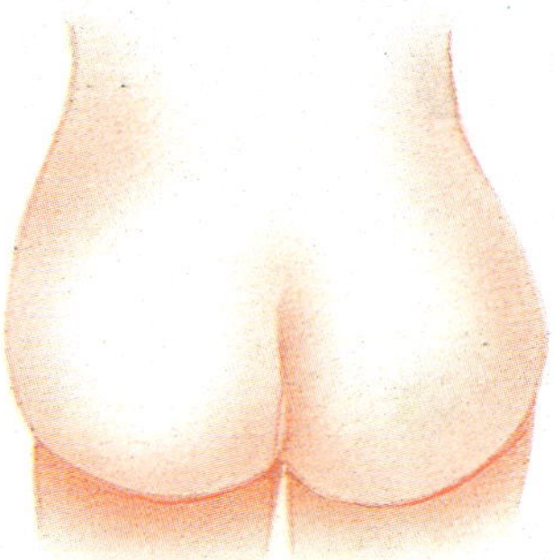

les fesses

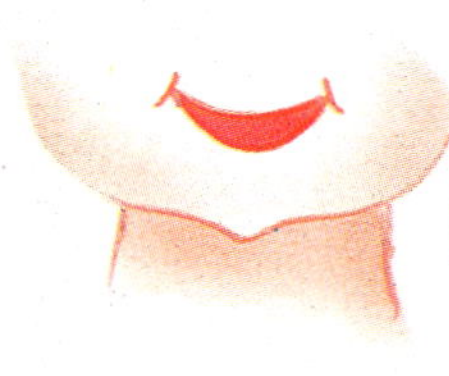

le cou

les légumes

Quels légumes sont
de la même couleur ?

le chou-fleur

le concombre

le poivron

le haricot

les petits pois

le navet

l'olive (noire)

l'épinard

le chapeau

Quel est le chapeau
du magicien ?

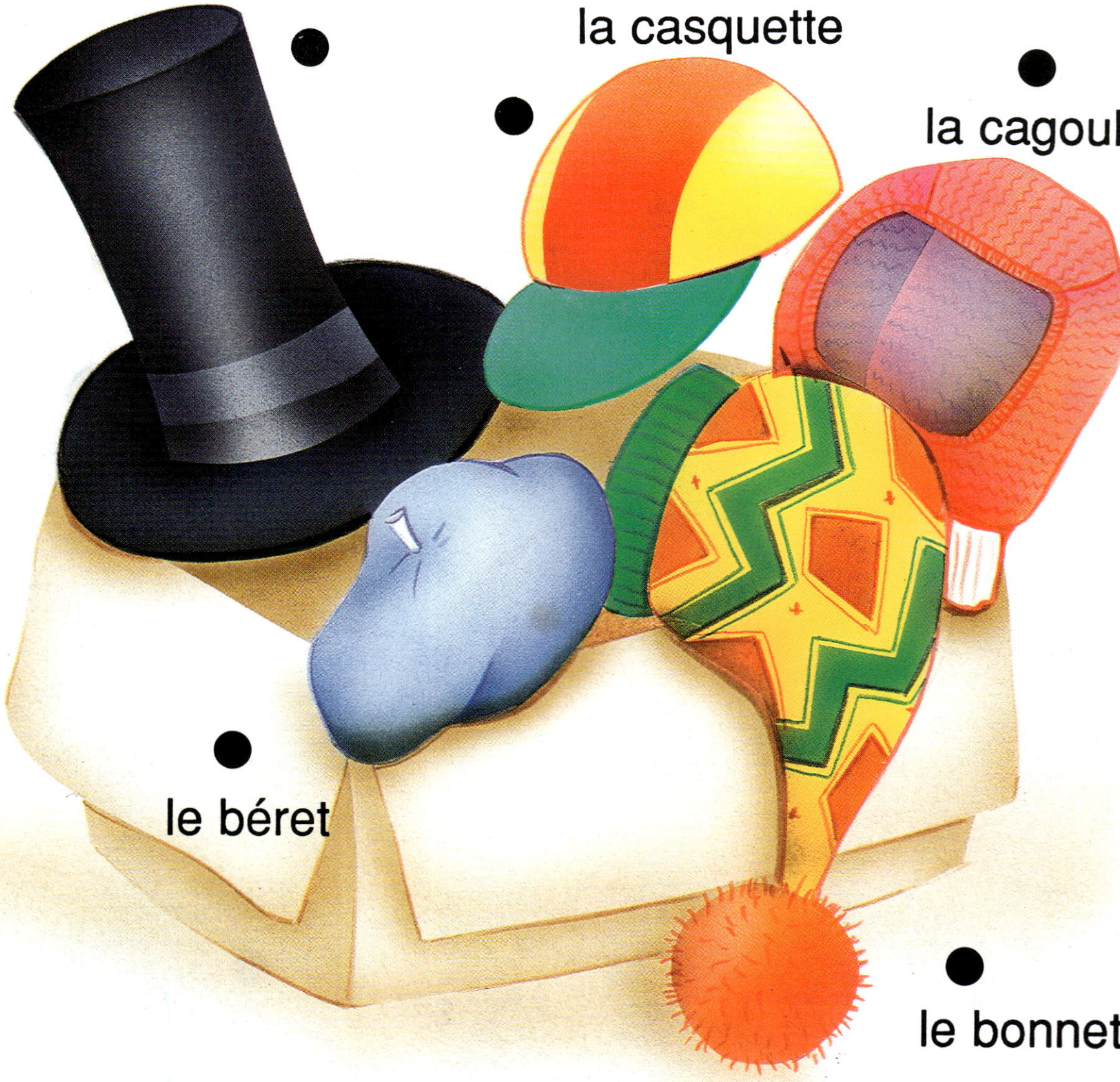

le gant

Quels gants ne possèdent pas 5 doigts ?

le gant de soirée

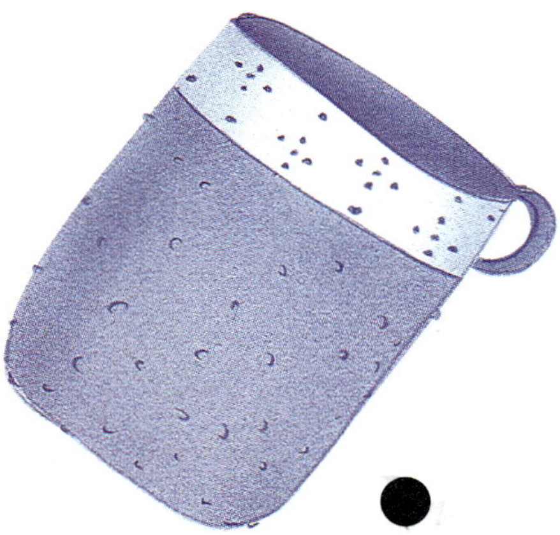

le gant de toilette

le gant de boxe

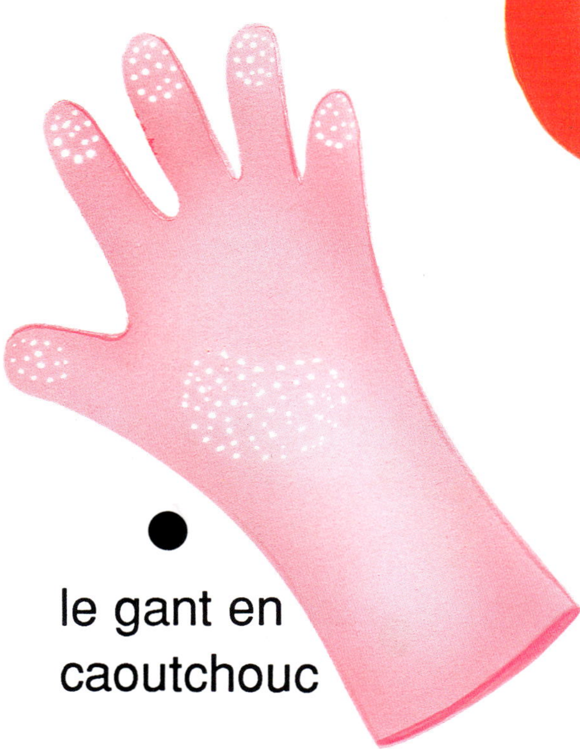

le gant en caoutchouc

la moufle

le vert

Qu'est-ce qui n'est pas vert ?

le banc

la fougère

la mousse

le blé

l'herbe

le poivre

la laine

Qu'est-ce qui n'est pas en coton ?

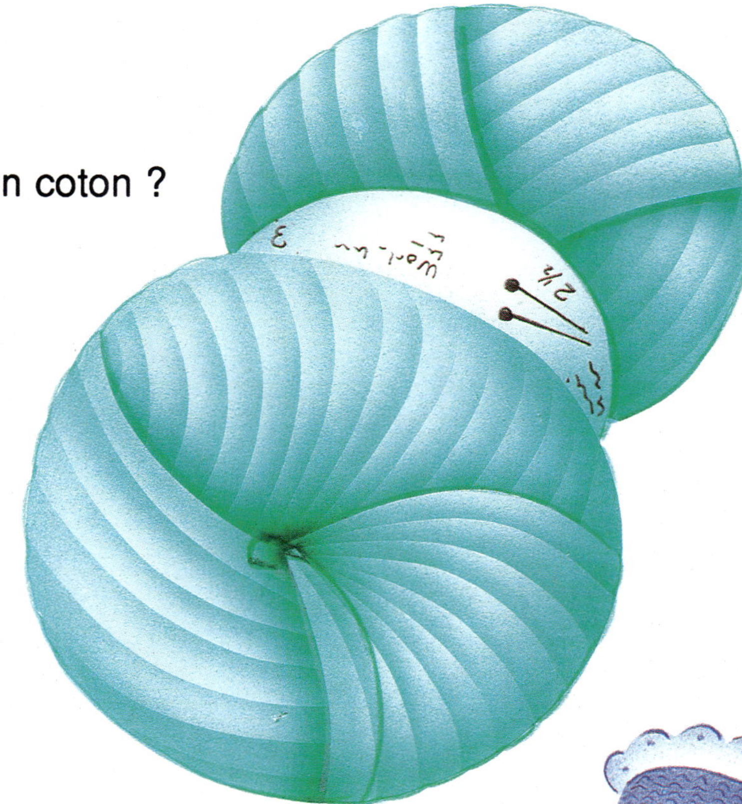

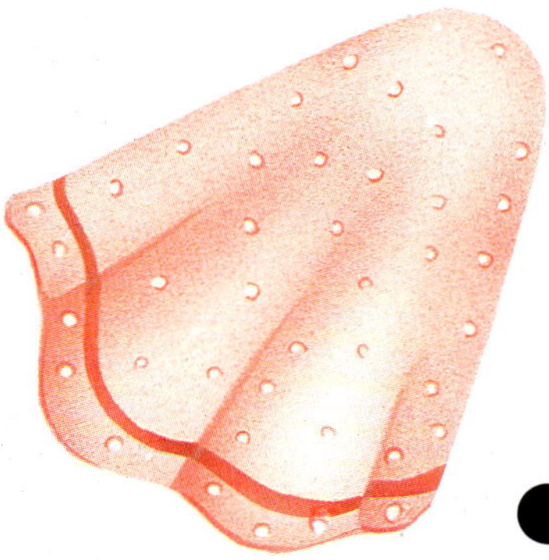

le mouchoir

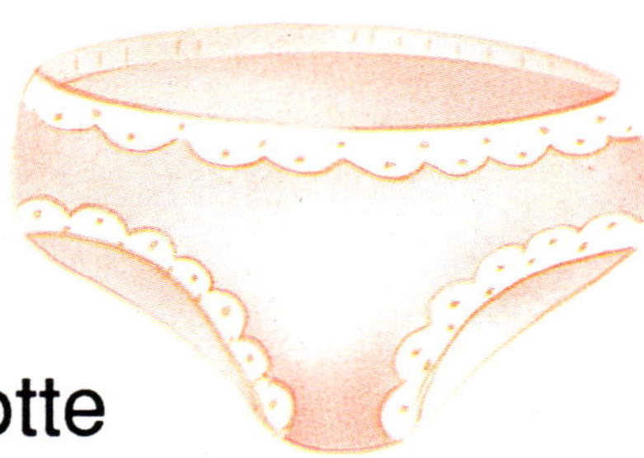

la culotte

la mitaine

le maillot de corps

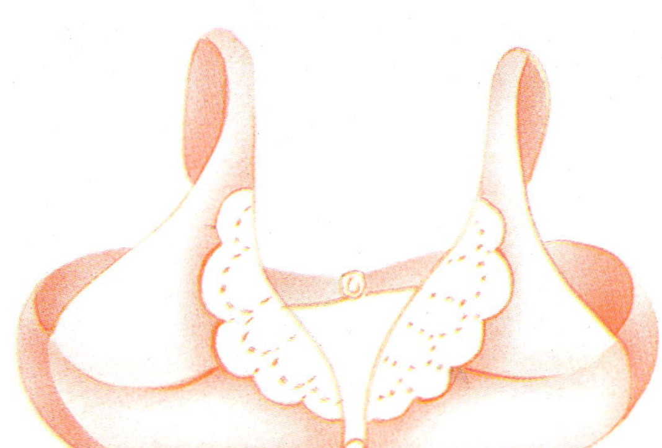

le soutien-gorge

l'aiguille à coudre

Quels éléments possèdent des aiguilles ?

le hérisson

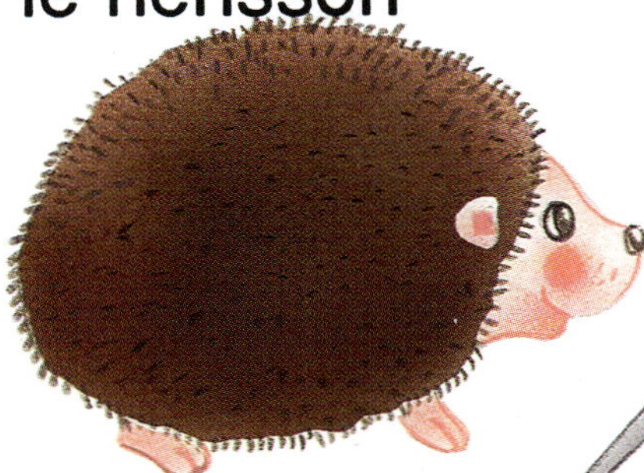

le sapin

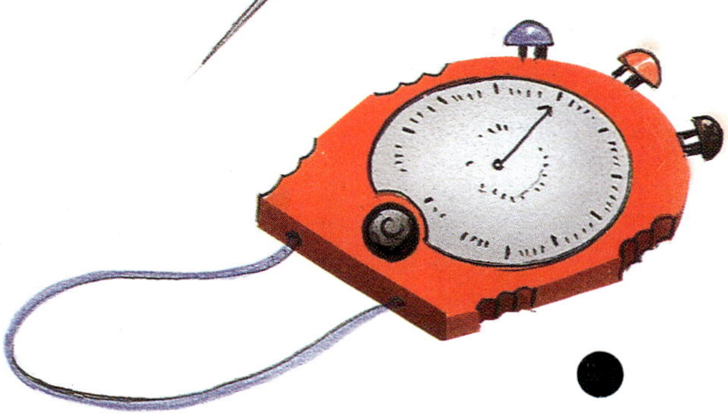

le chronomètre

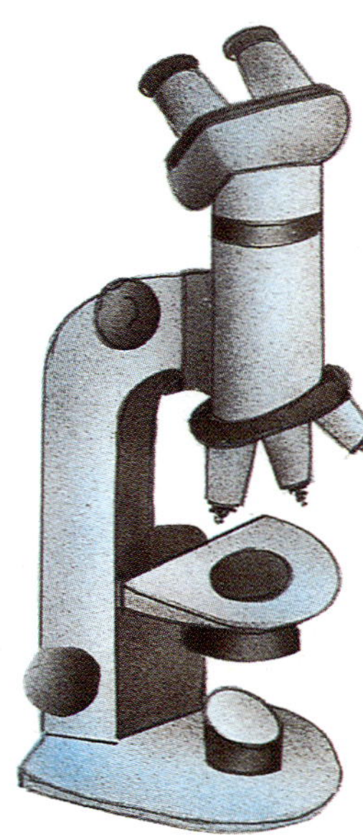

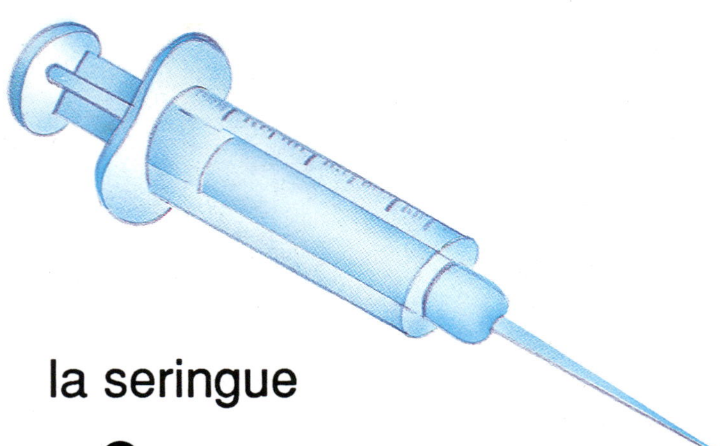

la seringue

le microscope

le chat

Quels animaux sont noirs ?

le corbeau

l'araignée

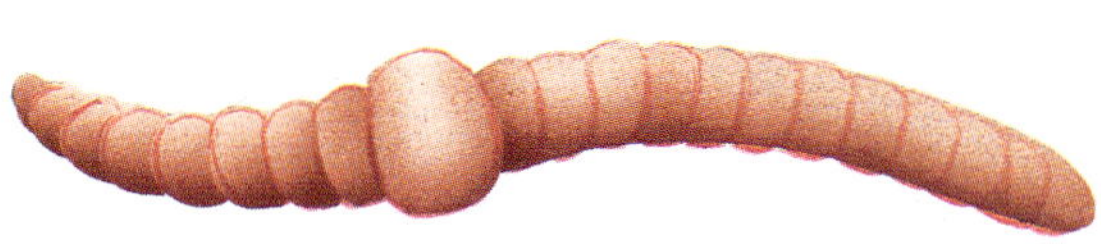

le ver de terre

le taureau

la souris

l'assiette

Où sont les couverts ?

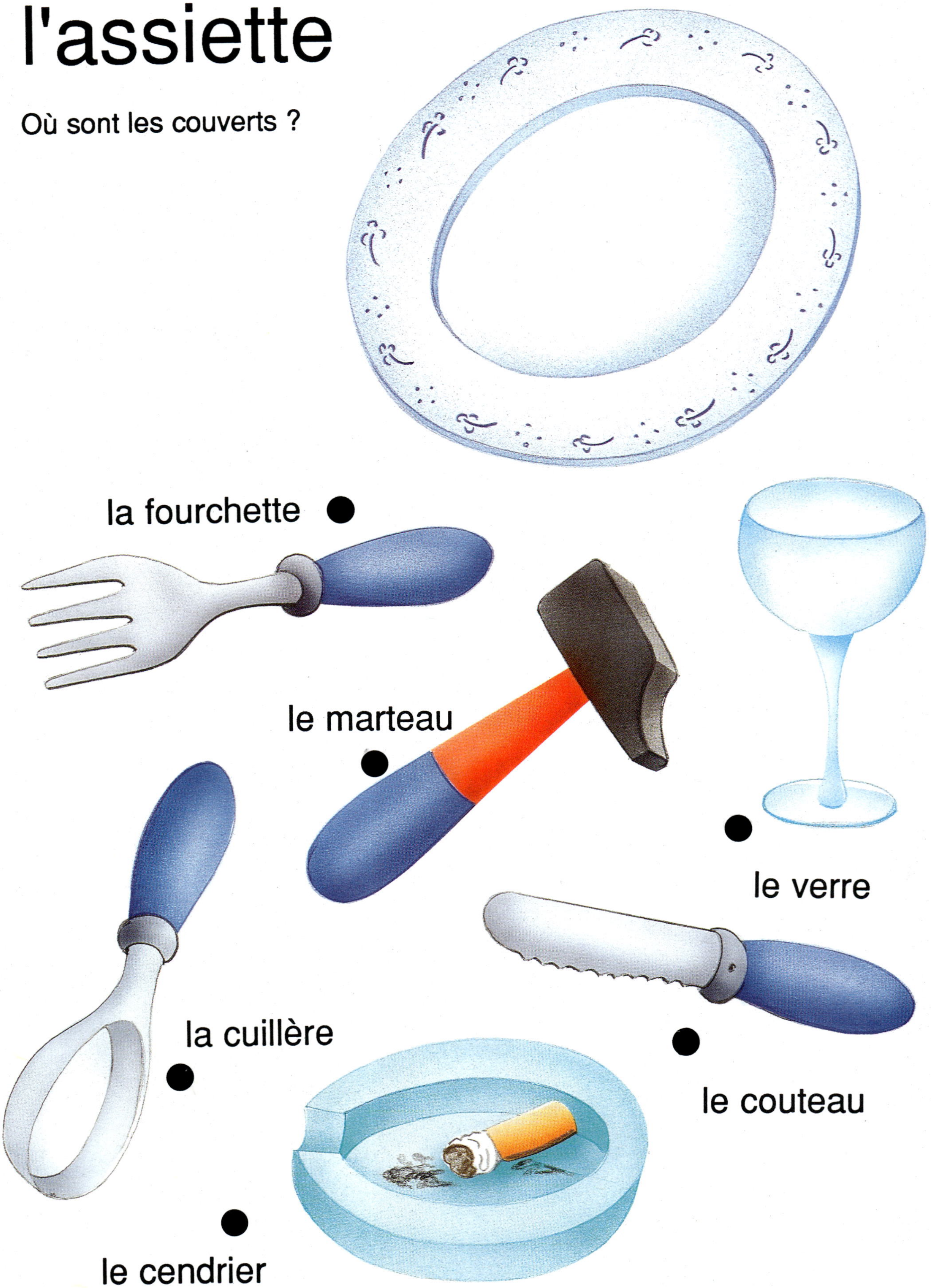

la roue

Quel véhicule n'a qu'une roue ?

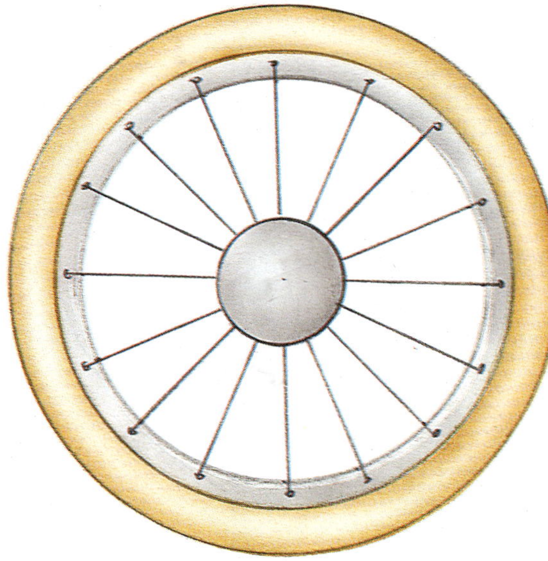

les couleurs

Qu'est-ce qui n'est pas une couleur mais une forme ?

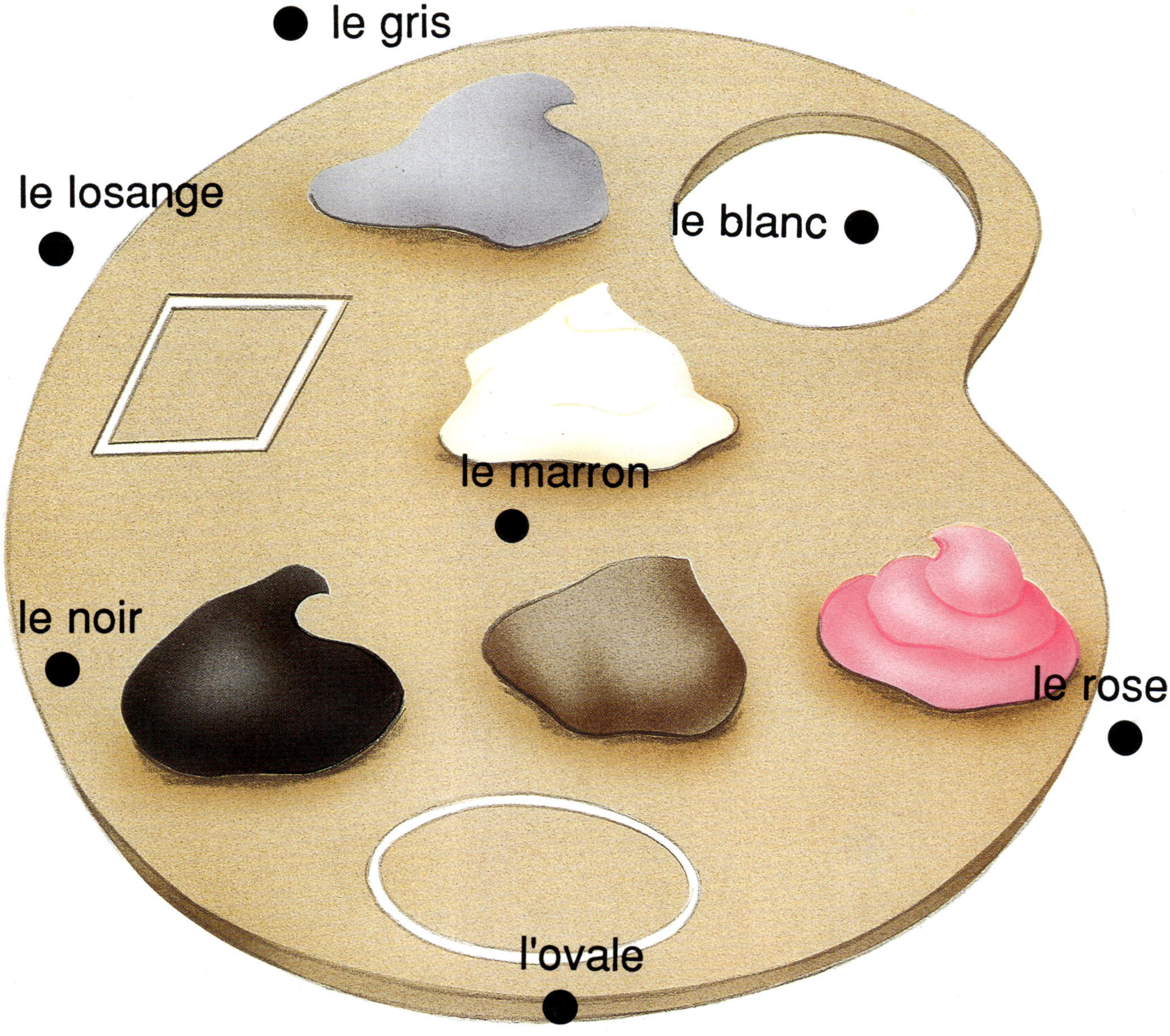

Jeux d'intrus

la basse-cour

Où ne trouve-t-on pas souvent d'animaux ?

la bergerie

l'étable

le zoo

l'hôpital

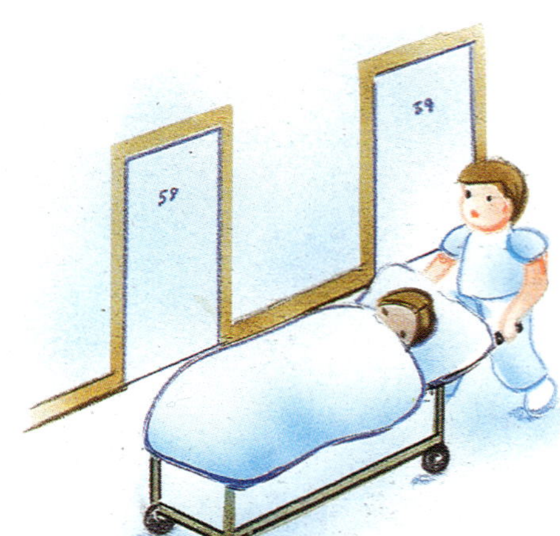

le stade

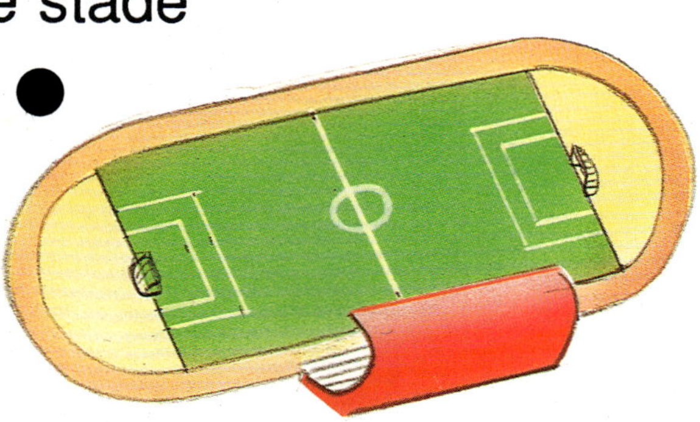

la porcherie

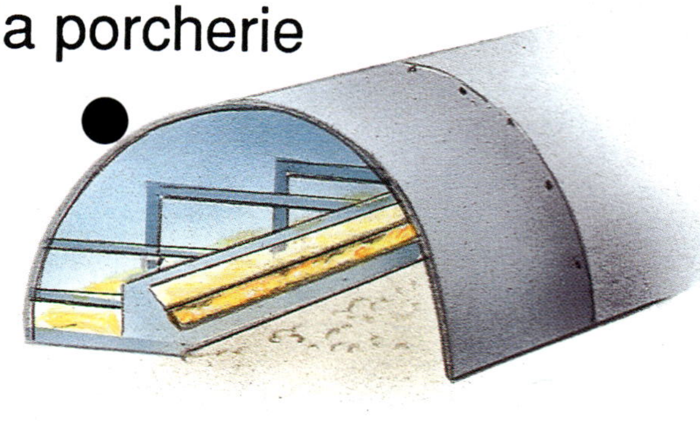

le nœud papillon

Qu'est-ce qui n'est pas un vêtement ?

les chaussons ●

la ceinture ●

la moustache ●

le collant ●

la cravate ●

les bretelles ●

l'algue

Quel animal n'a aucun rapport
avec la mer ?

le corail

la méduse

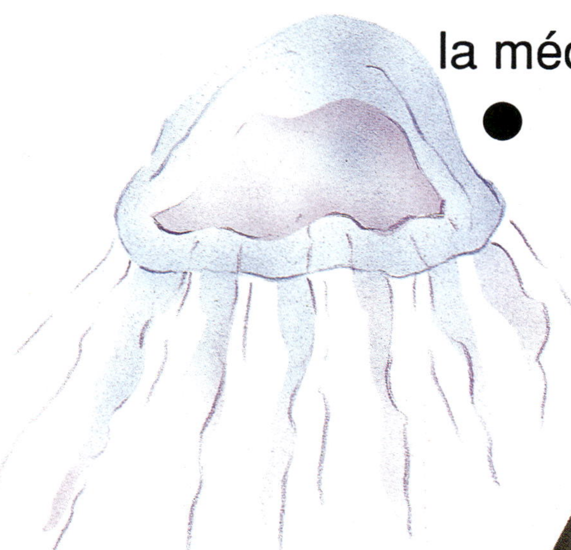

la mouette

le crapaud

l'étoile de mer

le lapin

Quels animaux ne vivent pas
à la ferme ?

le bouc

l'oie

le bouquetin

le sanglier

la chèvre

la truie

l'eau

Qu'est-ce qui ne peut pas contenir de l'eau ?

la bassine ●

la corbeille ●

le seau

●

le panier ●

la cuvette

●

la canne

Quels objets ne sont pas en bois ?

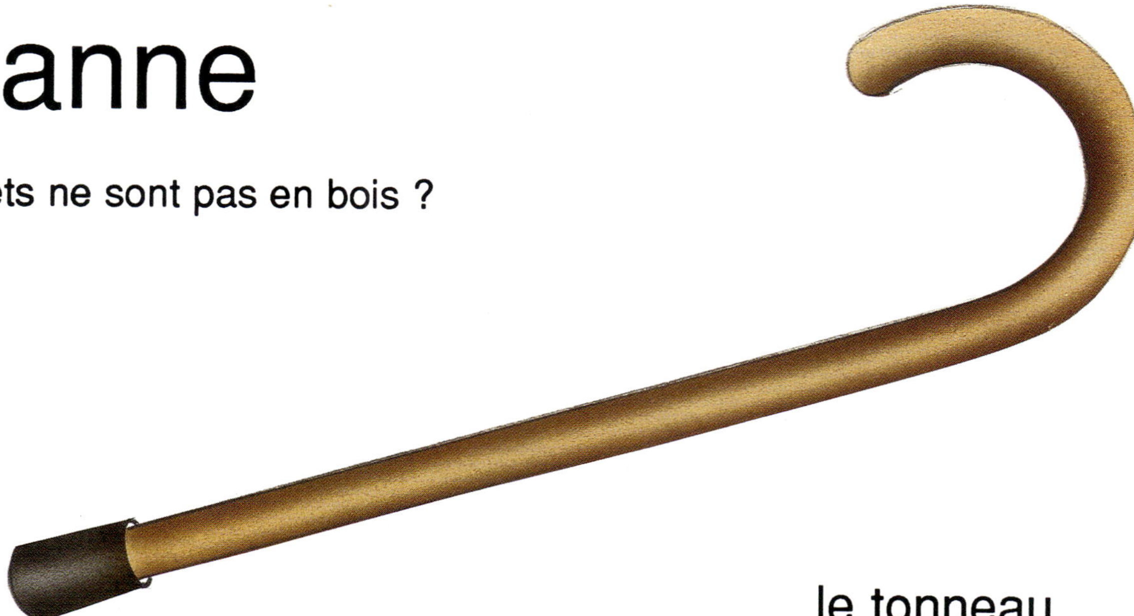

le tonneau

le ruban

la planche

le bâton de ski

le filet de pêche

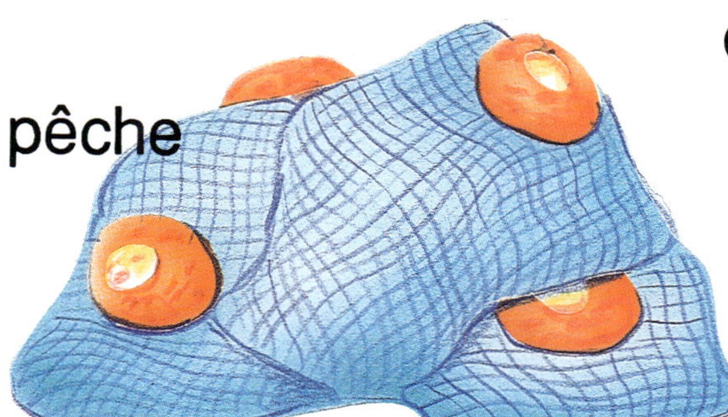

l'arc

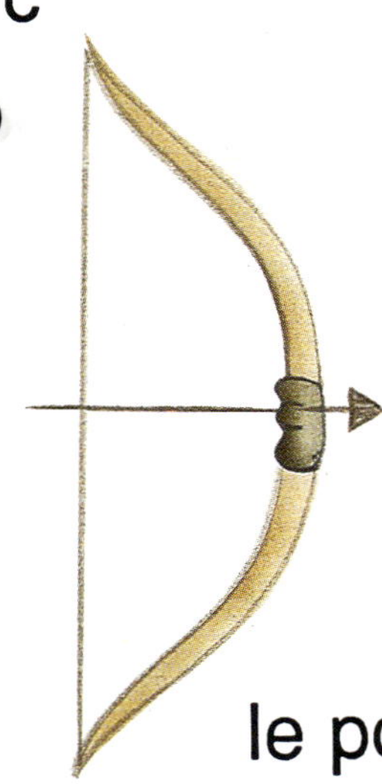

le pot de fleur

le crabe

Quel animal ne vit pas dans la mer ?

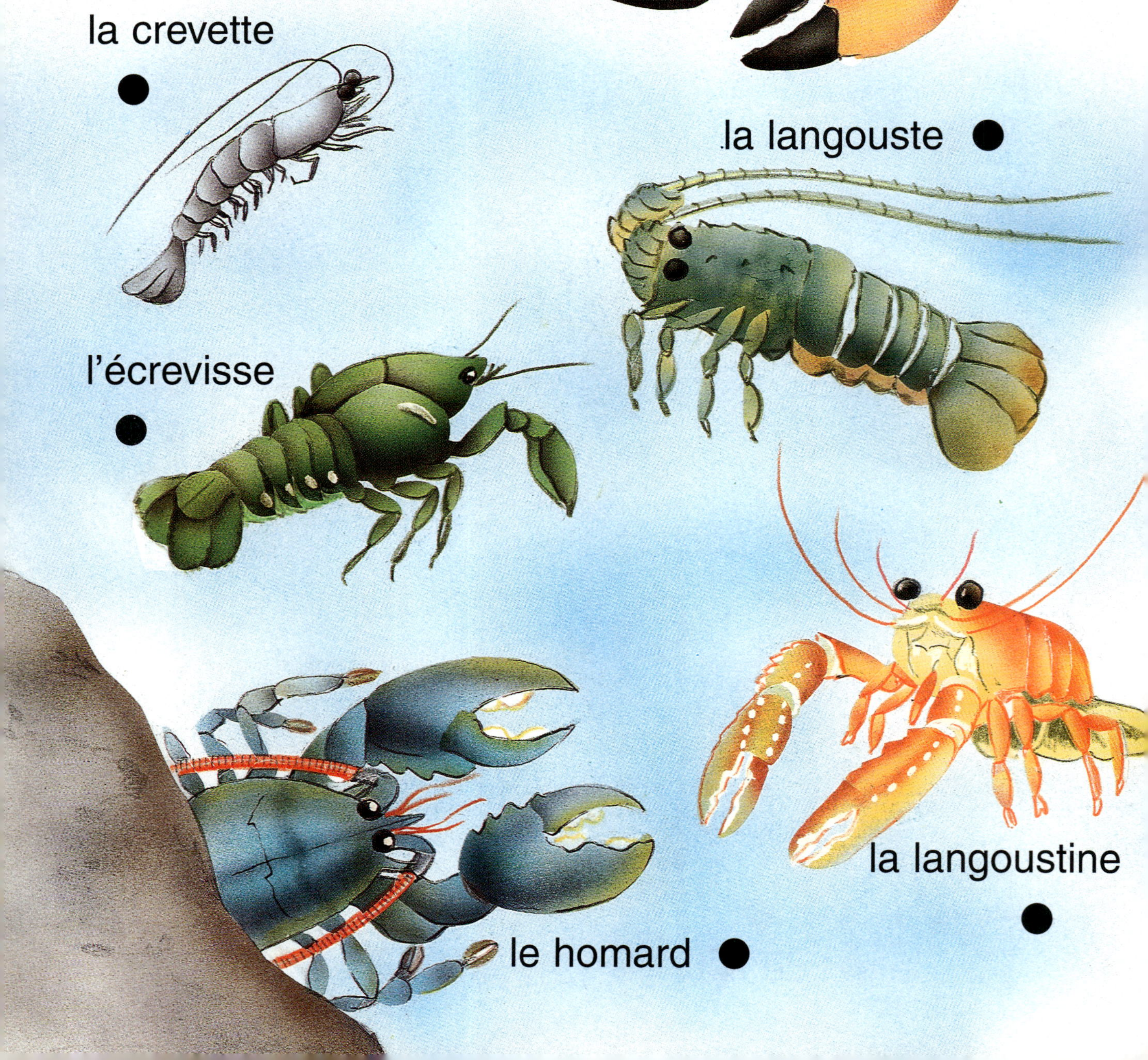

la forêt

Quels animaux ne vivent pas dans la forêt ?

l'homme

Qu'est-ce qui n'est pas vivant ?

la femme

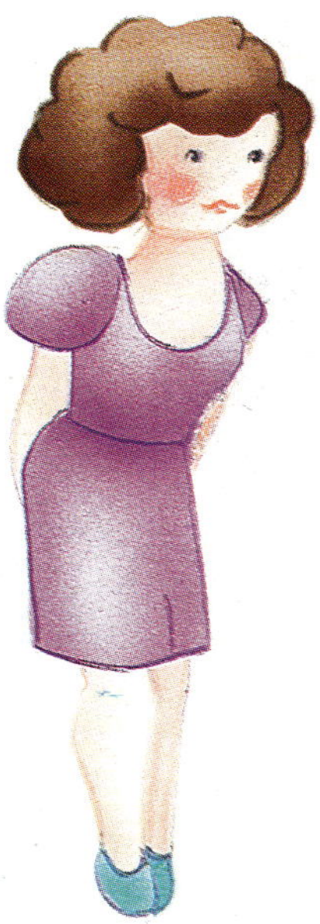

la fille le garçon

la statue

le géant

la poupée

le roi

la pomme

Qu'est-ce qui n'est pas un fruit ?

le raisin

le persil

l'ananas

la figue

le céleri

les lentilles

la myrtille

la colombe

Qu'est-ce qui ne va pas avec l'oiseau ?

les graines

la défense

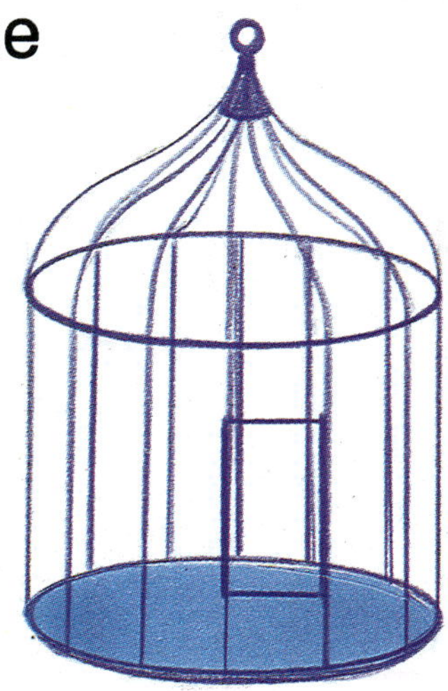

la cage

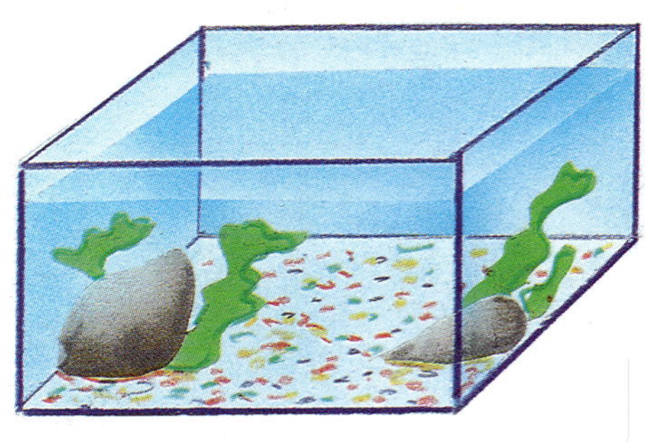

l'aquarium

le perchoir

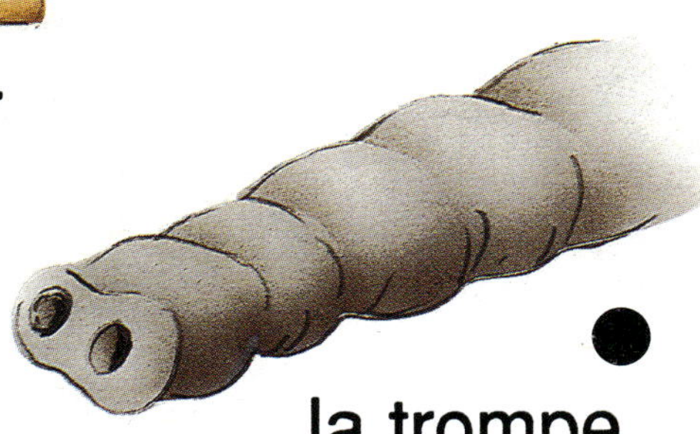

la trompe

le nid

le balai

Qu'est-ce qui ne sert pas à nettoyer ?

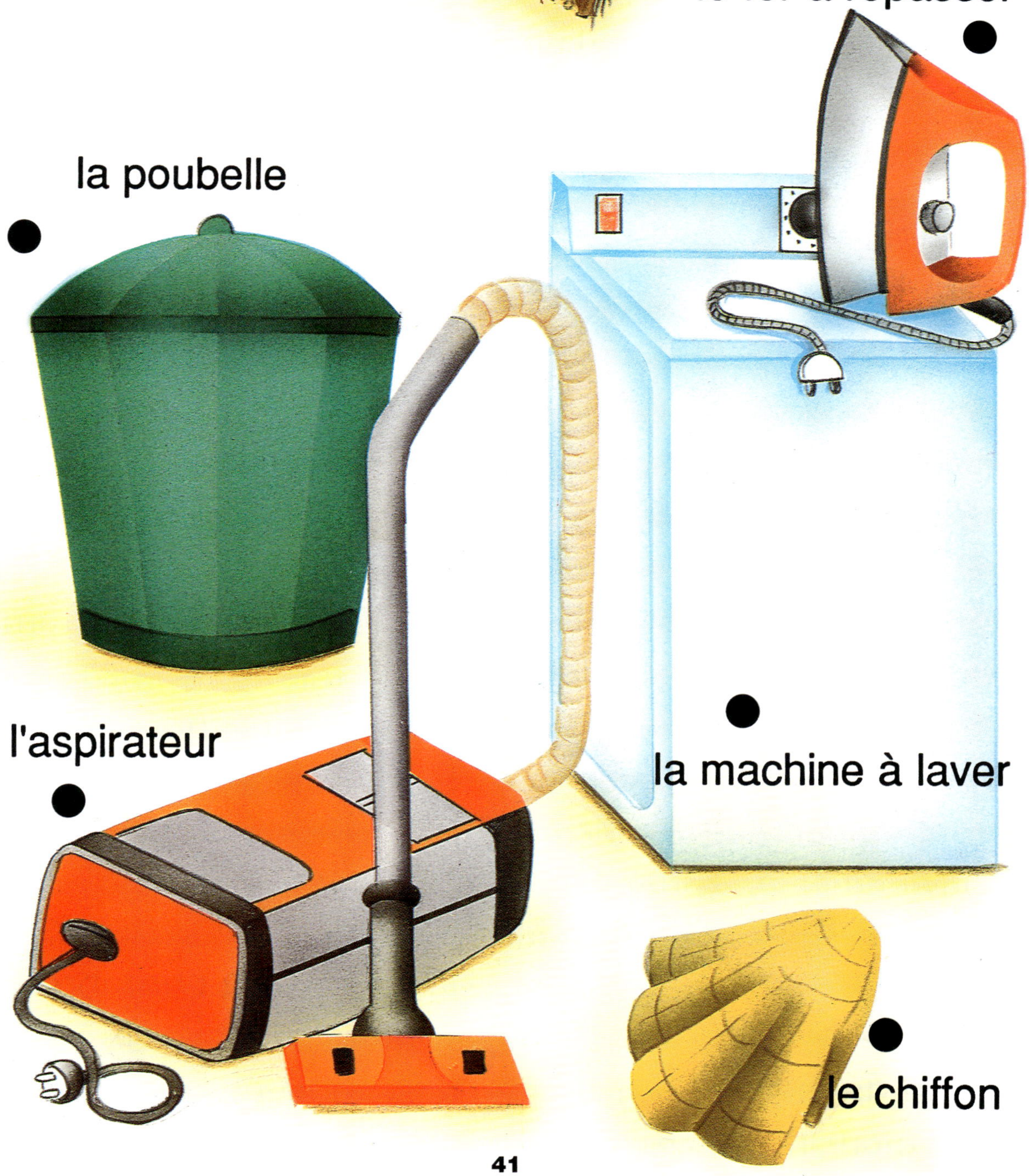

les repas

Qu'est-ce qui n'est pas un repas ?

le dîner

le petit déjeuner

le bureau

le goûter

la chambre

le déjeuner

le bouquet

Qu'est-ce qui ne va pas avec les fleurs ?

le vase

le pétale

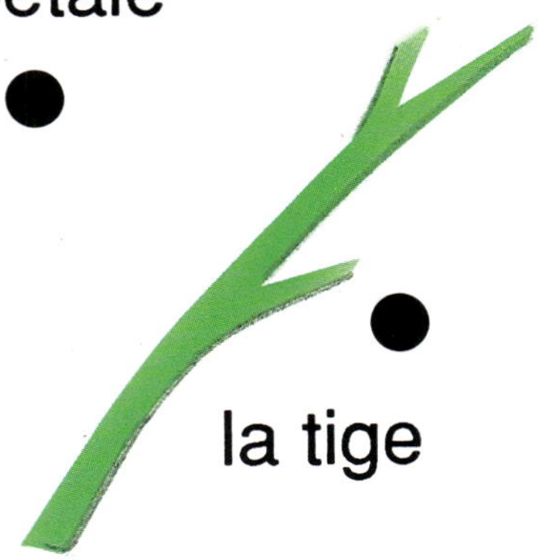

la tige

la serre

l'épine

l'épi

le foin

la mer

Qu'est-ce qui n'a rien à voir avec la mer ?

la canne à pêche

le téléphérique

le marin

la moule

la bouée

la limonade

Quel élément n'a rien à voir avec
la boisson ?

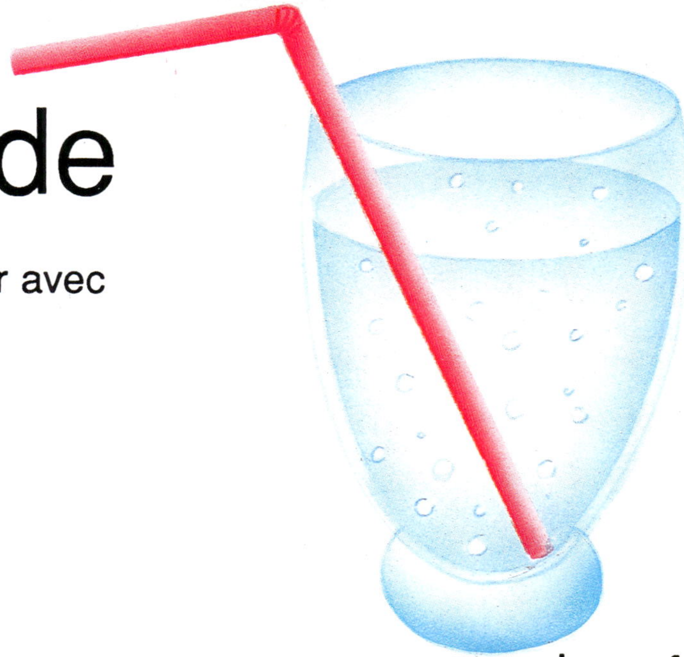

- le bol

- le café

- le serveur

- le jus de fruit

- la tasse

- l'infusion

- le sandwich

le sport

Quelles personnes ne sont pas des sportifs ?

le coureur

le chasseur

le dompteur

le gardien de but

le joueur de tennis

l'arbitre

les outils

Qu'est-ce qui ne sert pas au bricoleur ?

la tenaille

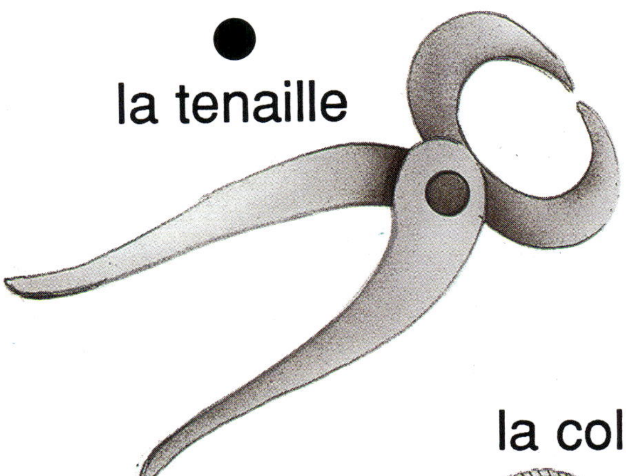

l'établi

la colle

le clou

le taille-crayons

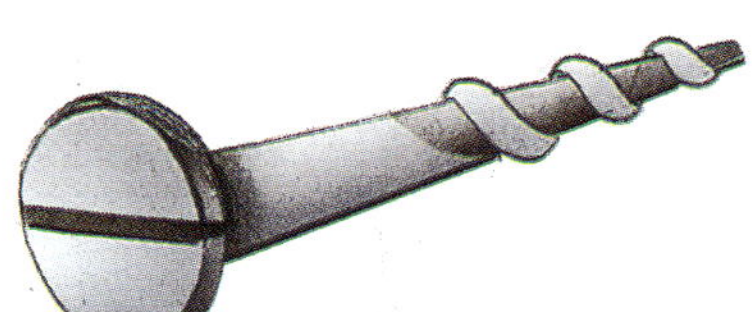

la vis

le fusil

le mètre

le zèbre

Quel animal ne vit pas
dans les pays chauds ?

la chaussure

Qu'est-ce qui n'est pas une chaussure ?

la botte

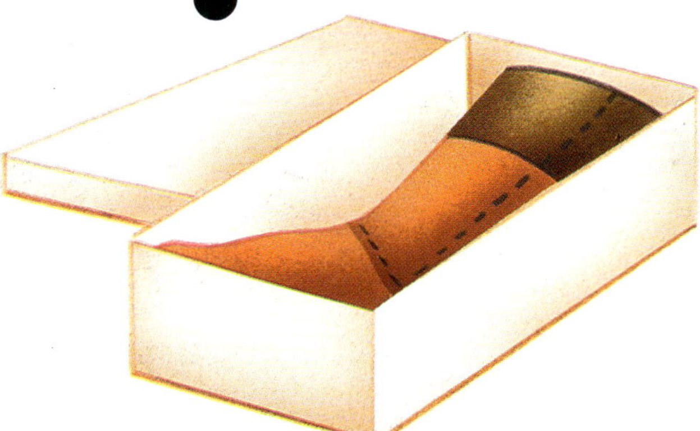

le mocassin

la chaussette

la basket

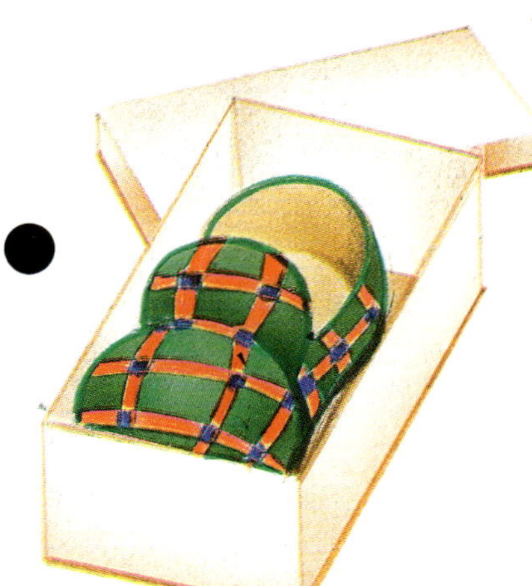

la pantoufle

la baignoire

Qu'est-ce qu'on ne trouve pas
dans la salle de bains ?

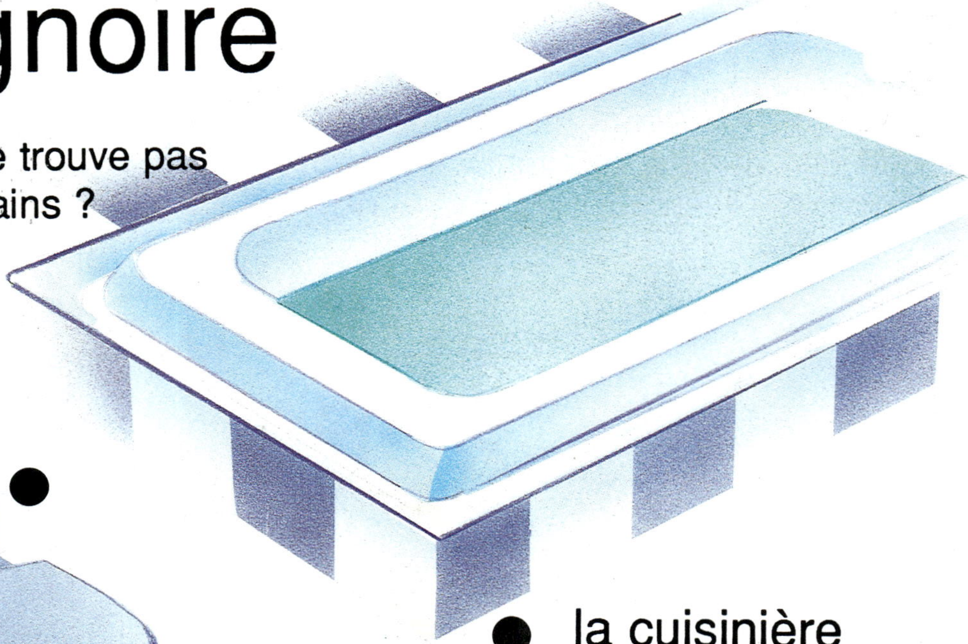

les toilettes

la cuisinière

le bidet

le flacon de parfum

la douche

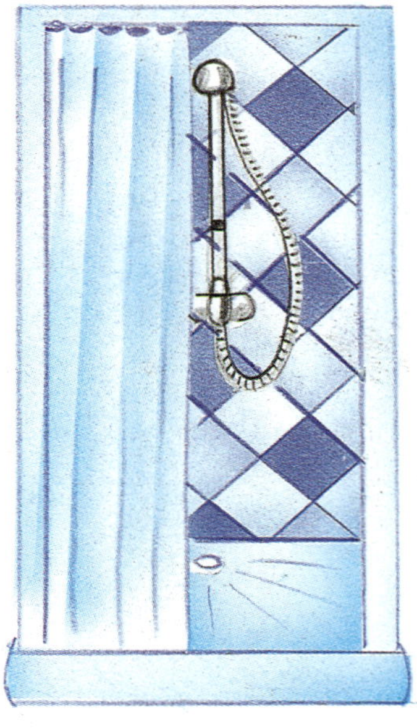

le lavabo

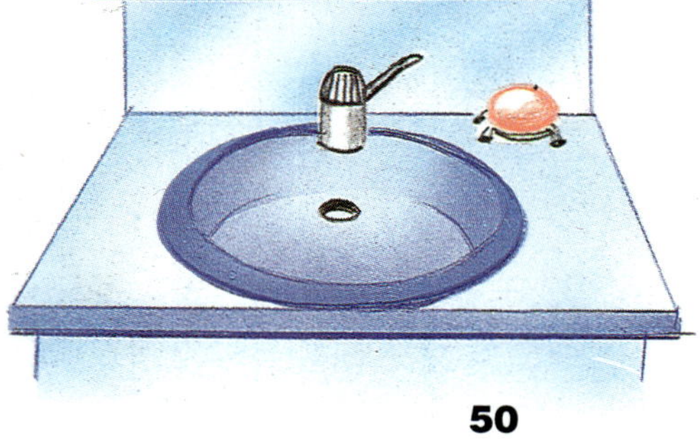

la sauterelle

Qu'est-ce qui n'est pas
une petite bête ?

le têtard

la coccinelle

le rhinocéros

l'escargot

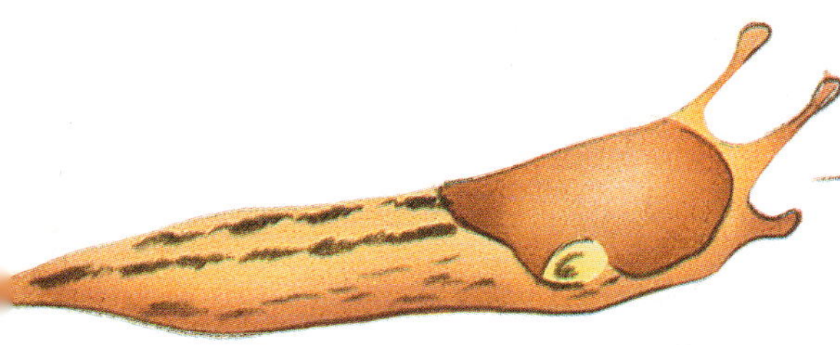

la limace

le cafard

le bateau

Quel bateau ne va jamais en mer ?

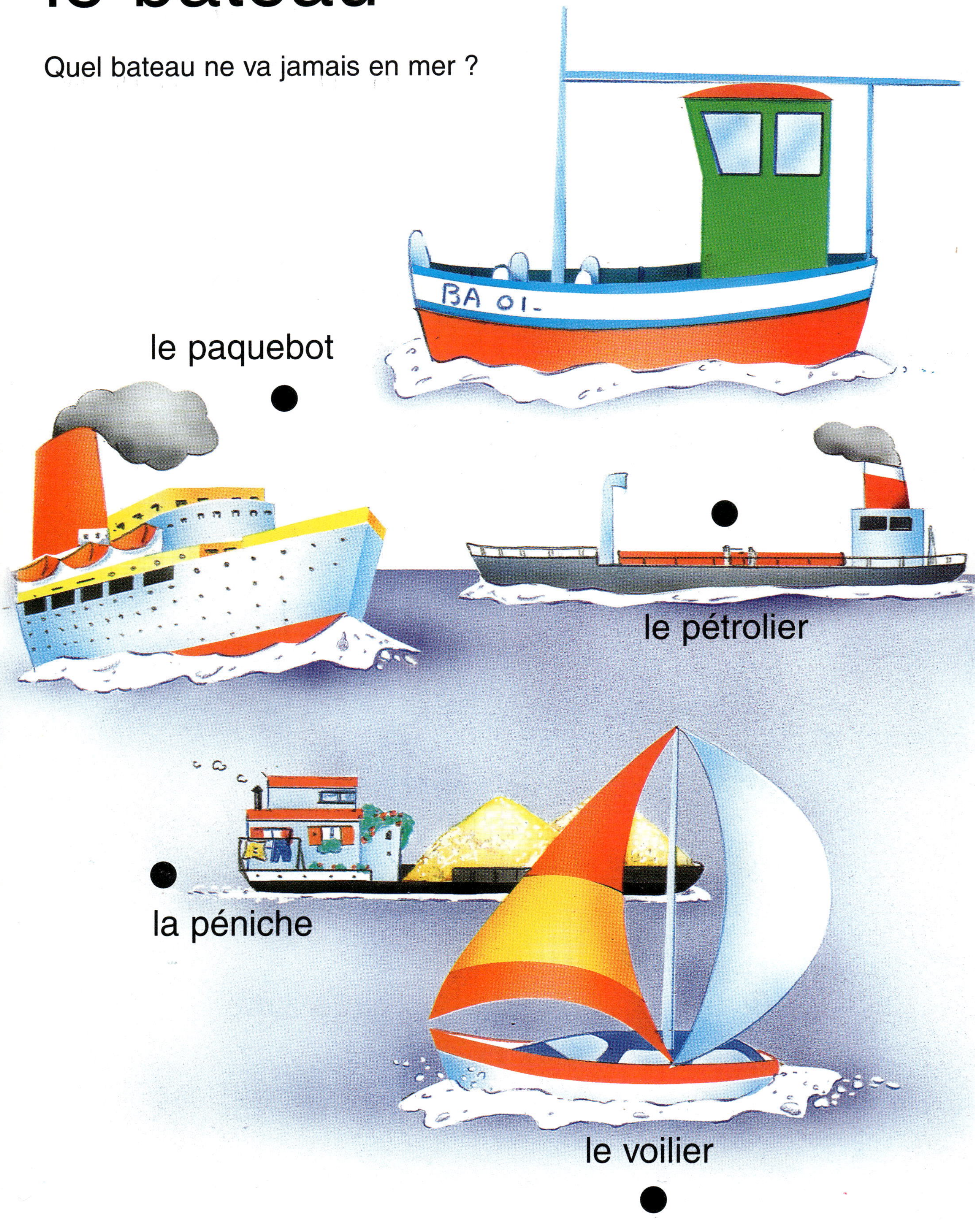

le lit

Qu'est-ce qui ne va pas dans le lit ?

la couverture

le drapeau

l'édredon

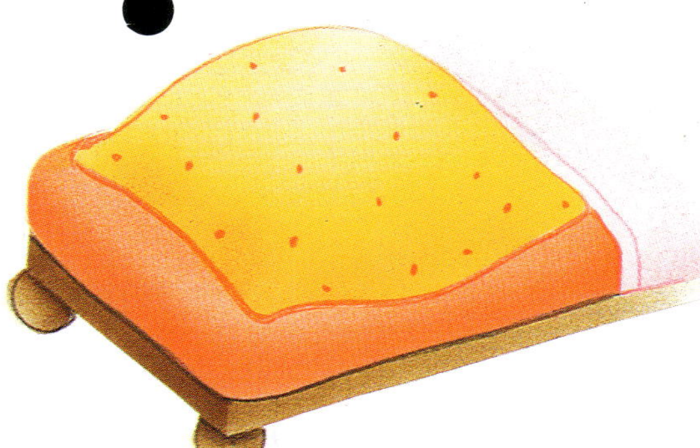

l'oreiller

l'évier

la couette

le drap

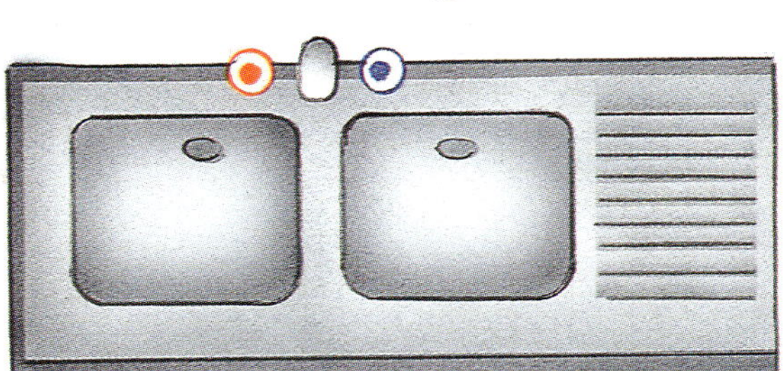

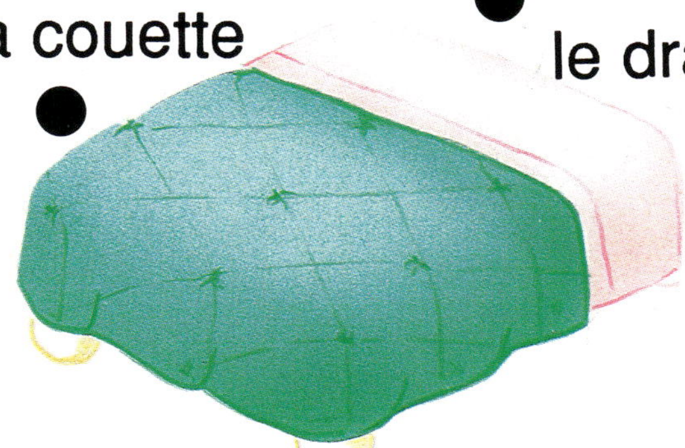

la guitare

Quel instrument n'a pas de corde ?

la flûte

le violon

le banjo

la mandoline

le printemps

Qu'est-ce qui n'est pas une saison ?

l'été

l'hiver

l'automne

l'orage

le nuage

Qu'est-ce qui ne va pas avec
le mauvais temps ?

le soleil ●

la neige ●

le givre ●

l'éclair ●

la pluie ●

le brouillard ●

l'accordéon

Qu'est-ce qui n'est pas
un instrument de musique ?

la trompette

la clarinette

le tambour

l'harmonica

l'épée

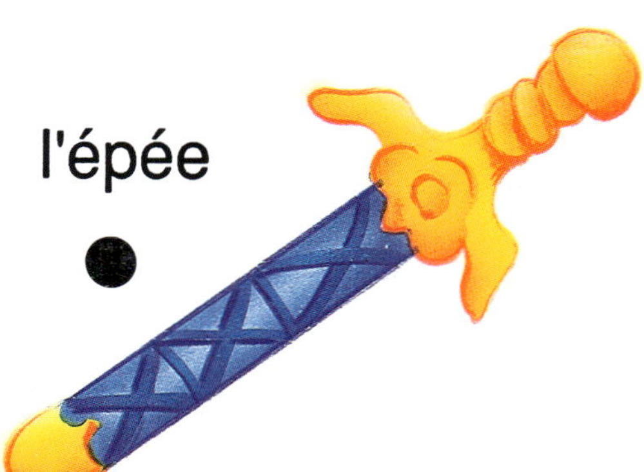

le piano

la louche

Qu'est-ce qu'on ne trouve pas
dans la cuisine ?

la cafetière ●

la marmite

●

le dentifrice

●

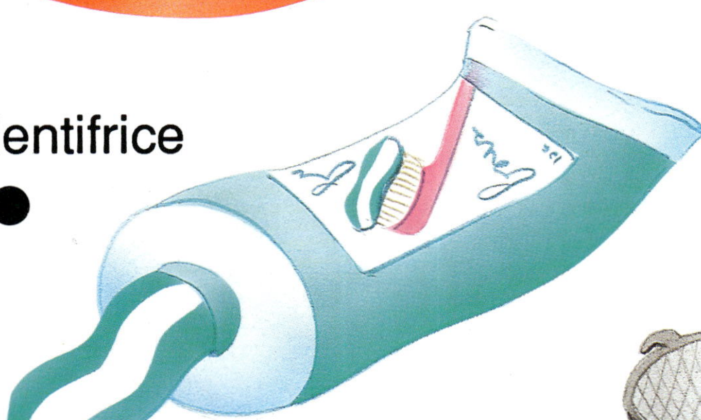

la passoire

●

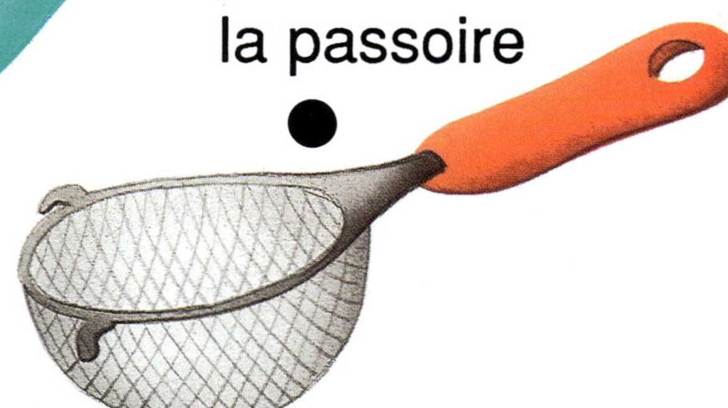

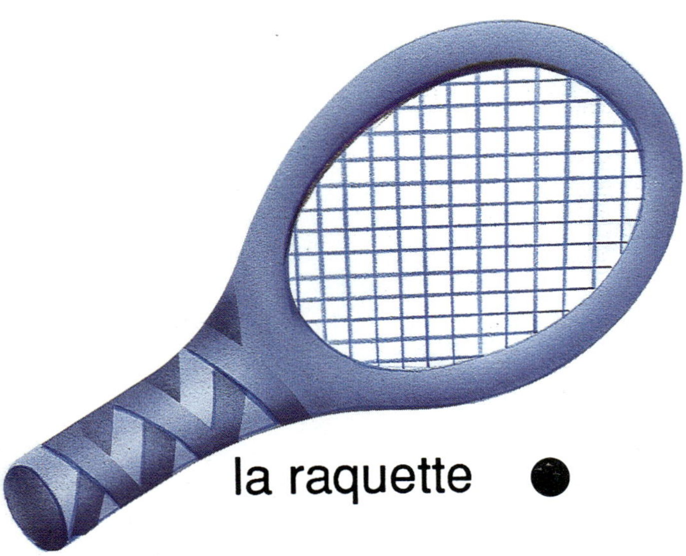

la casserole ●

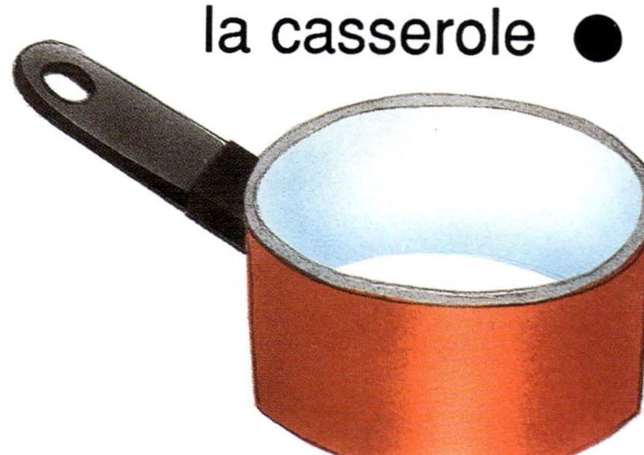

la raquette ●

l'île

Qu'est-ce qui n'est ni une plante ni un paysage ?

le sablier

Quel objet n'indique pas l'heure ?

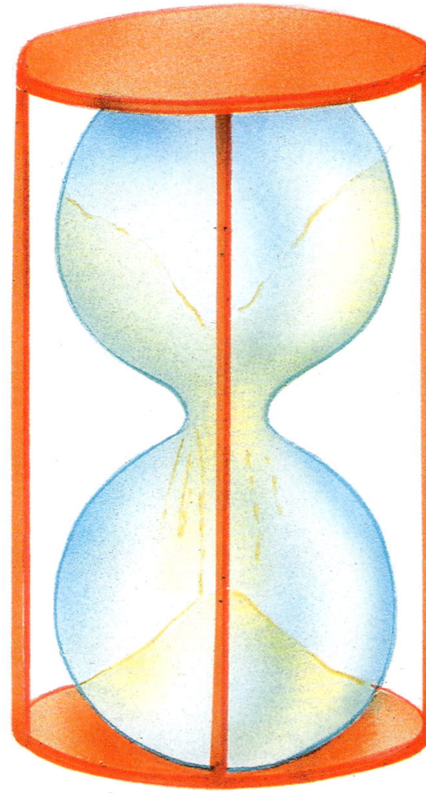

la montre

le réveil

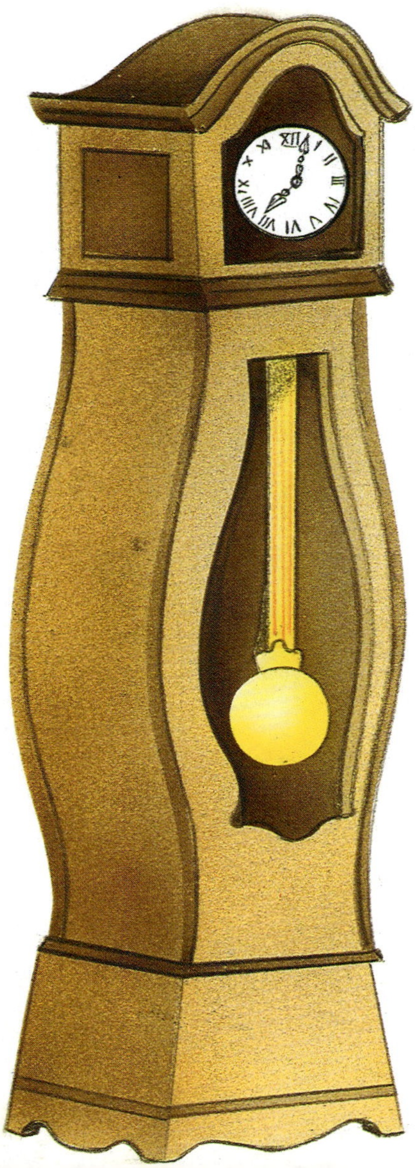

l'horloge

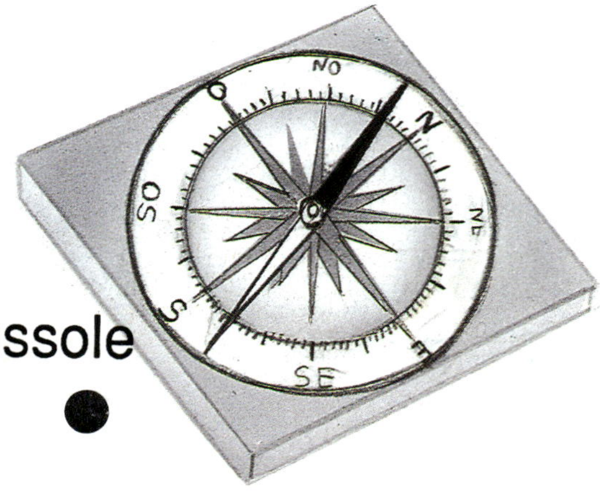

la boussole

le flamant rose

Quel animal ne vit pas dans l'eau ?

le requin

le dauphin

la pieuvre

la marmotte

le crocodile

la tête

Qu'est-ce qui ne se trouve pas au niveau de la tête ?

le nez ●

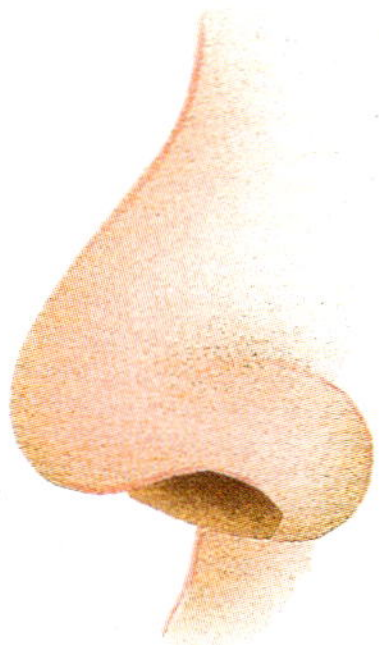

l'œil ●

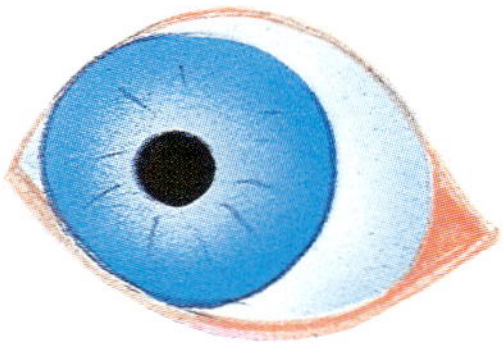

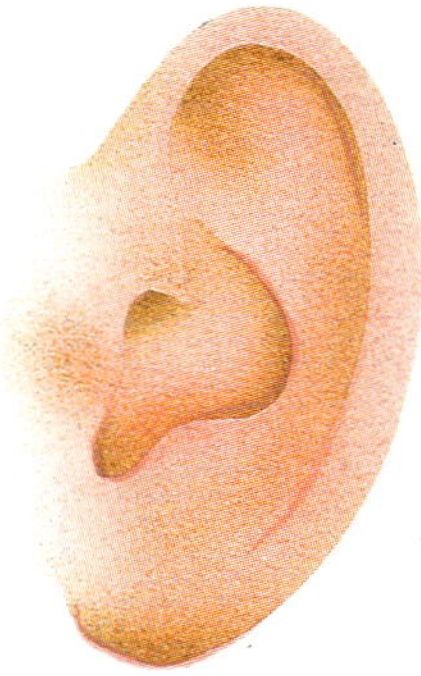

l'oreille ●

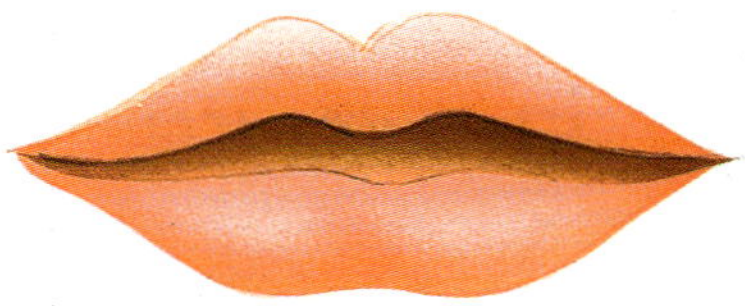

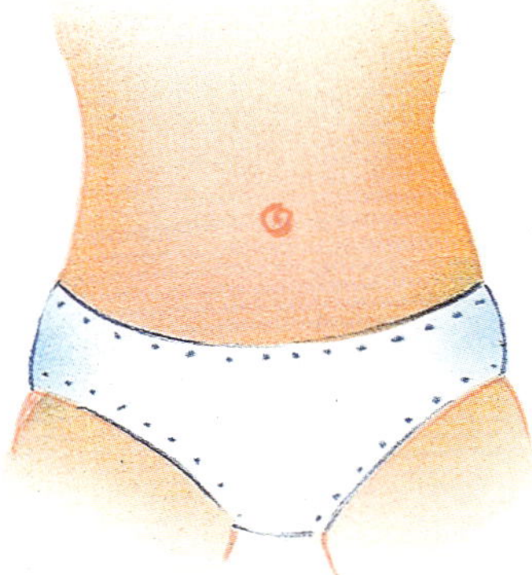

la bouche ●

le nombril ●

Jeux des catégories

l'œuf

Quels animaux pondent des œufs ? ●
Quels animaux ne pondent pas d'œufs ? ■

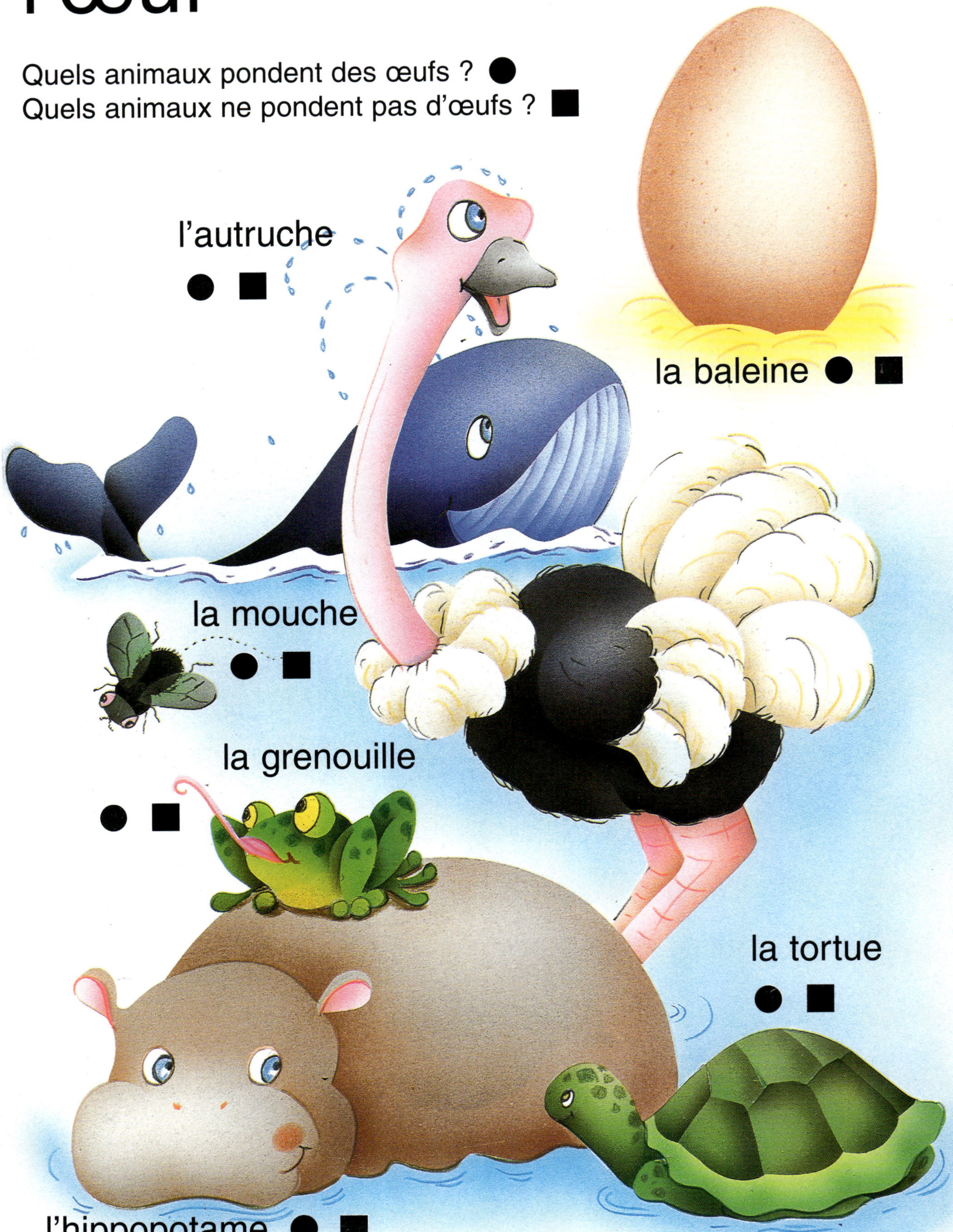

le xylophone

Quels sont les instruments de musique ? ●

Quels sont les outils ? ▲

la hache

● ▲

le tournevis

● ▲

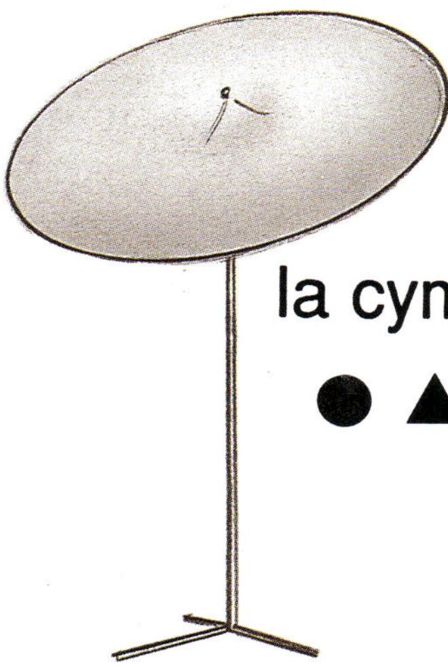

la cymbale

● ▲

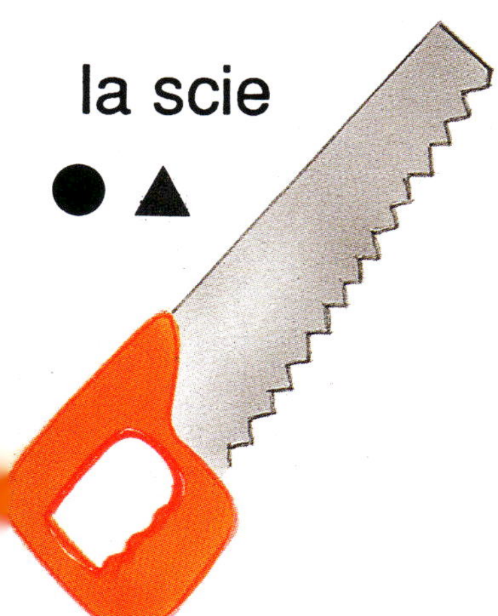

la scie

● ▲

la batterie

● ▲

le tambourin ● ▲

la perceuse

● ▲

l'autobus

Qu'est-ce qui se déplace
sur la route ? ●

Qu'est-ce qui se déplace
sur l'eau ? ▲

la caravane ● ▲

la barque ●▲

le camion ● ▲

le canoë ●▲

le canot ●▲

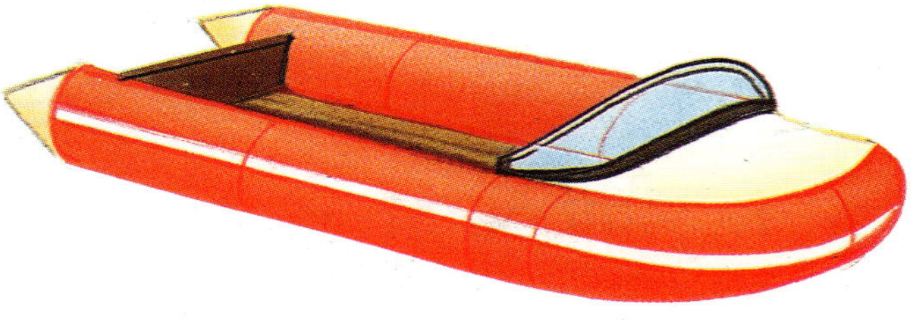

le désert et l'iceberg

Quels animaux vivent dans le désert ? ●

Quels animaux vivent dans les pays froids ? ▲

●▲

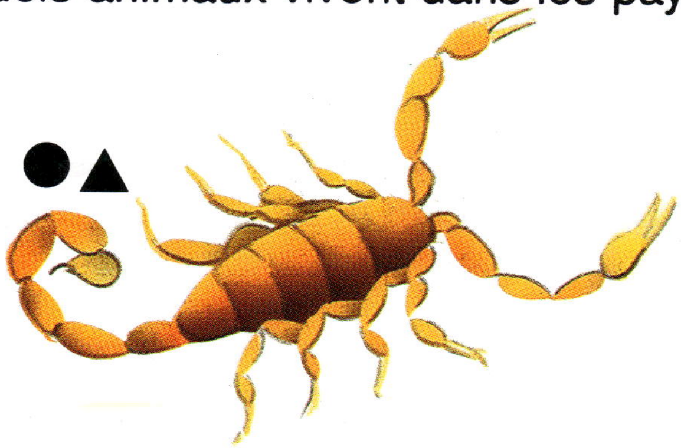

le scorpion

le chameau

●▲

le phoque ●▲

●▲

l'ours blanc

●▲

le pingouin

le dromadaire

●▲

le gilet

Quels sont les habits d'hiver ? ●

Quels sont les habits d'été ? ▲

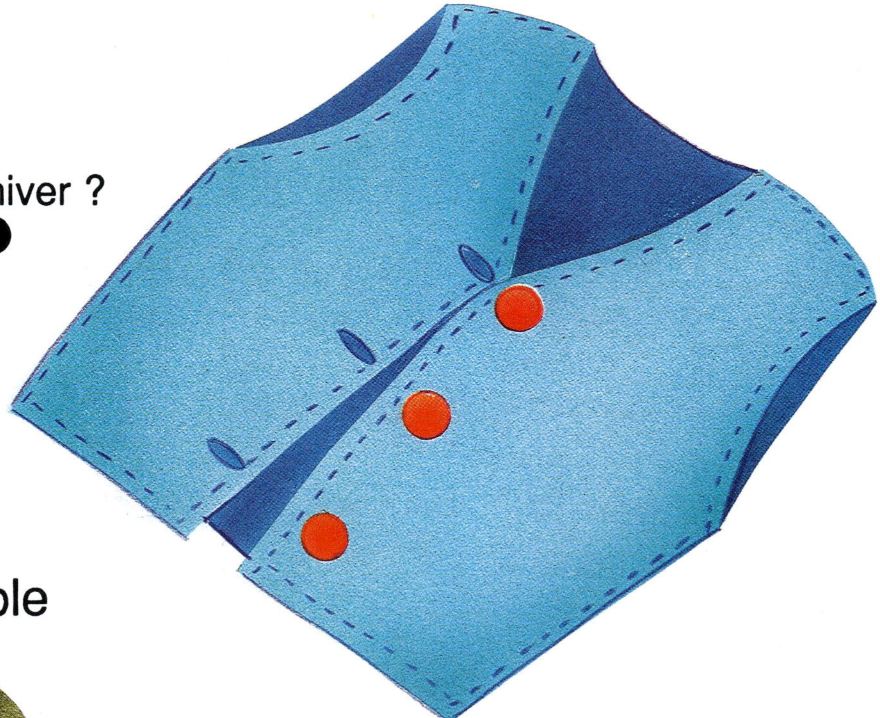

l'imperméable

▲●

le pull-over

▲●

●▲

l'écharpe

le short

●▲

▲●

le tee-shirt

▲●

le maillot de bains

la libellule

Quels animaux peuvent voler ? ●

Quels animaux ne peuvent pas voler ? ■

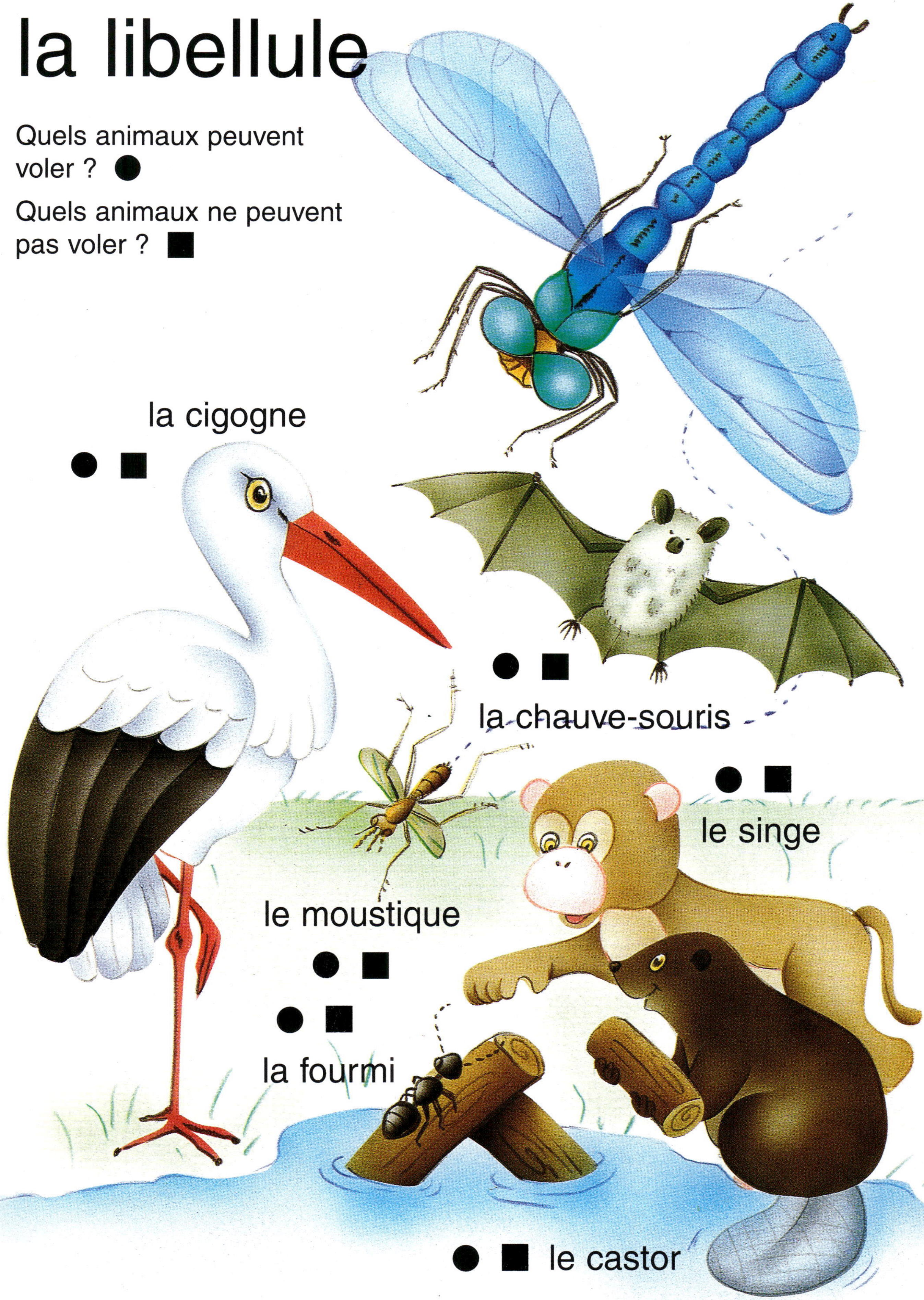

le bonhomme de neige

Qu'est-ce qui est froid ? ●

Qu'est-ce qui est chaud ? ■

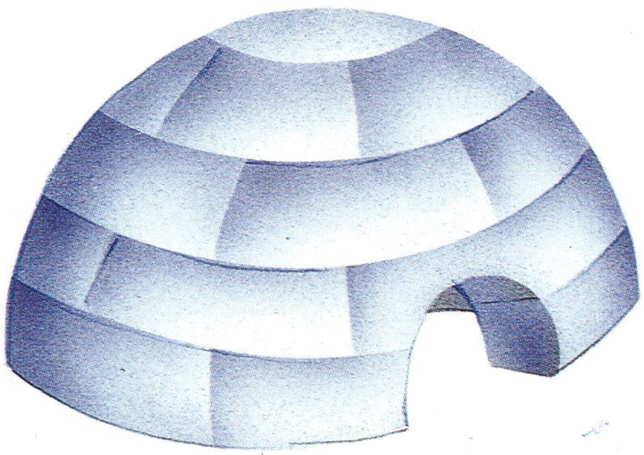

l'igloo ● ■

● ■ le glaçon

la pipe ● ■

la glace ● ■

le feu ● ■

le briquet ● ■

le coffre

Qu'est-ce qui est ouvert ? ●

Qu'est-ce qui est fermé ? ■

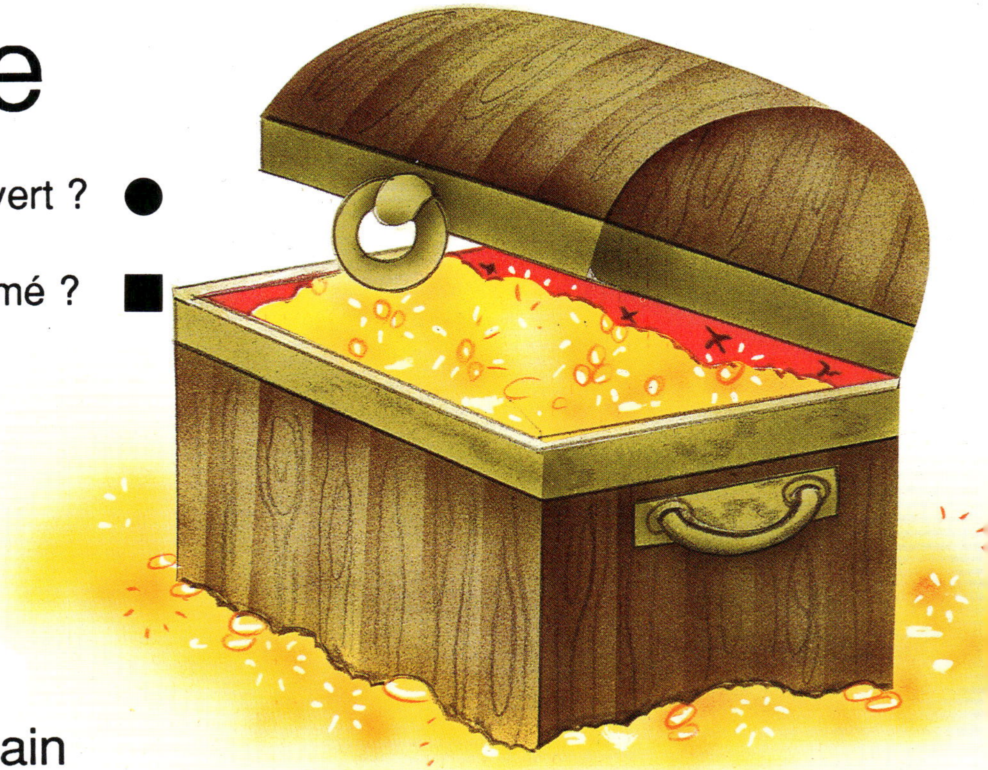

● ■
le sac à main

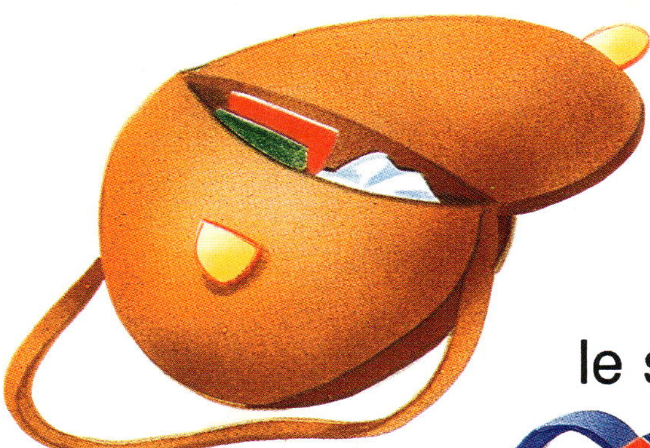

le kiosque à journaux
● ■

● ■
le sac à dos

● ■
la malle

■ ● la valise

l'éponge

Qu'est-ce qui est dur ? ●

Qu'est-ce qui est doux ? ■

● ■
le coton

● ■ la bûche

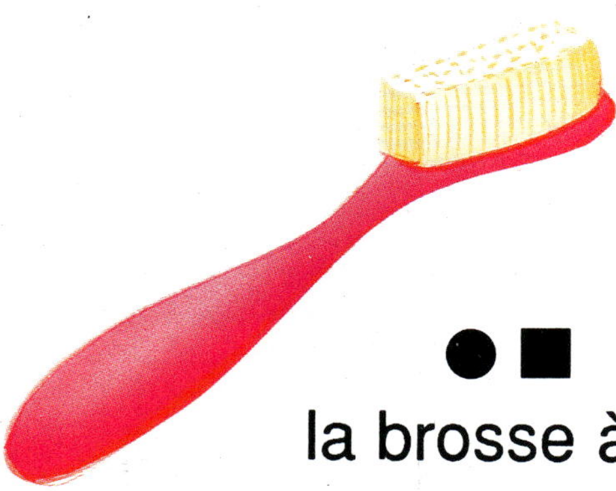

● ■
la brosse à dents

le nounours ● ■

● ■
le foulard

la nuit et le jour

Qu'est-ce qui est clair ? ●

Qu'est-ce qui est foncé ? ■

● ■ le fantôme

● ■

la bouteille

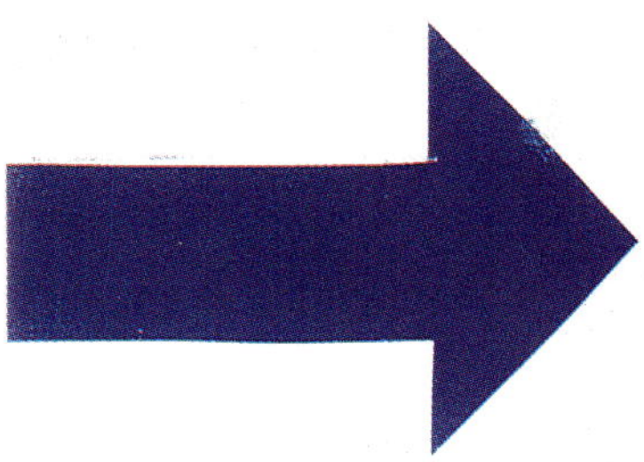

l'ombre ● ■

la flèche ● ■

● ■

le coquillage

la rose

● ■

le bonbon

Qu'est-ce qui est un bonbon ? ●

Qu'est-ce qui est un gâteau ? ■

la sucette

● ■

le chausson aux pommes

● ■

le réglisse

● ■

● ■

le croissant

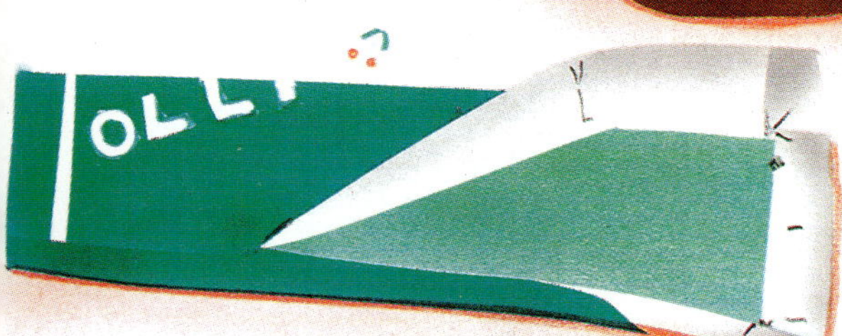

● ■

le chewing-gum

le beignet

● ■

le café

Où sont les boissons ? ●

Où sont les aliments ? ▲

la bière ●▲

●▲

le cassis

le sirop

●▲

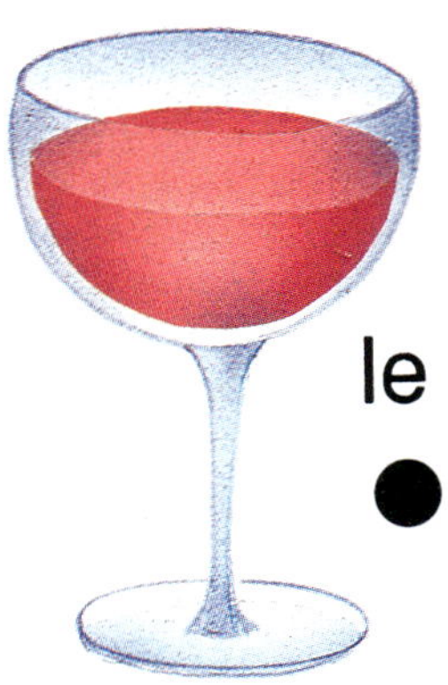

le vin

●▲

le melon

●▲

le rôti

●▲

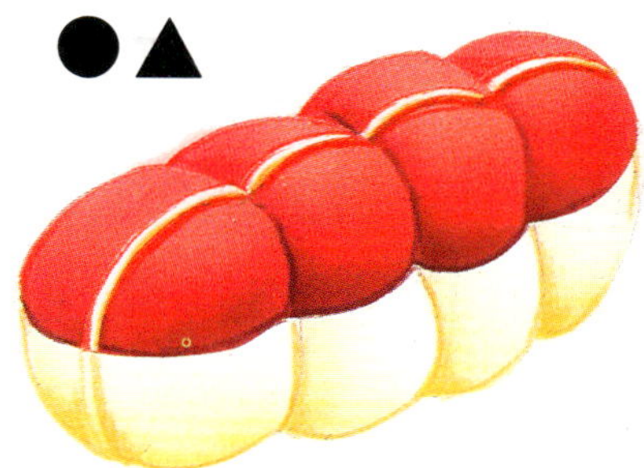

l'escalope ●▲

●▲

le thé

le train

Qu'est-ce qui va avec le train ? ●

Qu'est-ce qui va avec la voiture ? ▲

le quai ●▲

la gare ●▲

la station service ●▲

le volant ●▲

la carte routière ●▲

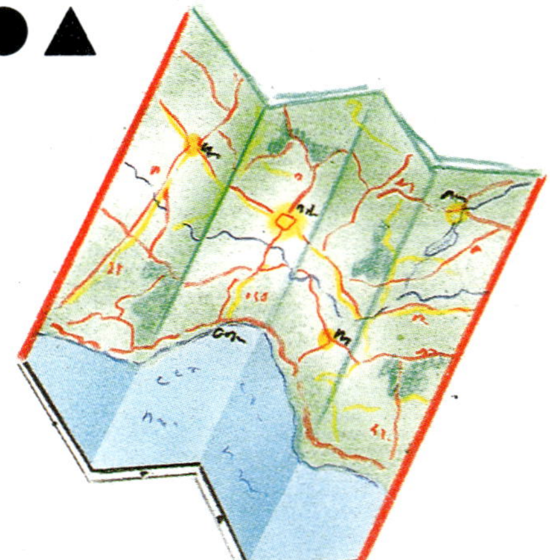

●▲ la locomotive

la fleur

Qu'est-ce qui est une fleur ? ●

Qu'est-ce qui est un fruit ? ▲

la mangue ●▲

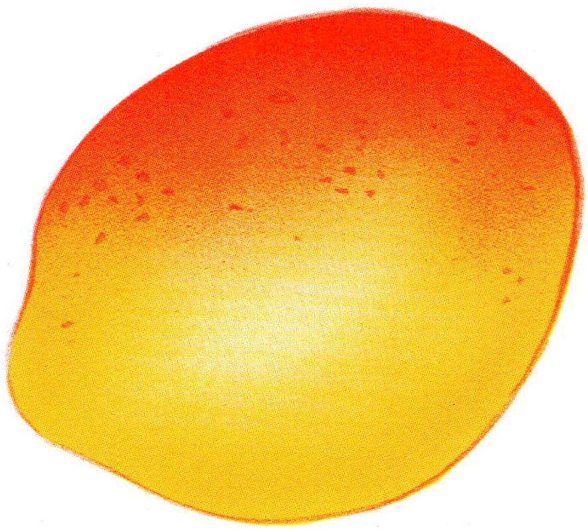

le muguet

●▲

●▲

l'edelweiss

la framboise

●▲

●▲ la marguerite

●▲

le coquelicot

la groseille

●▲

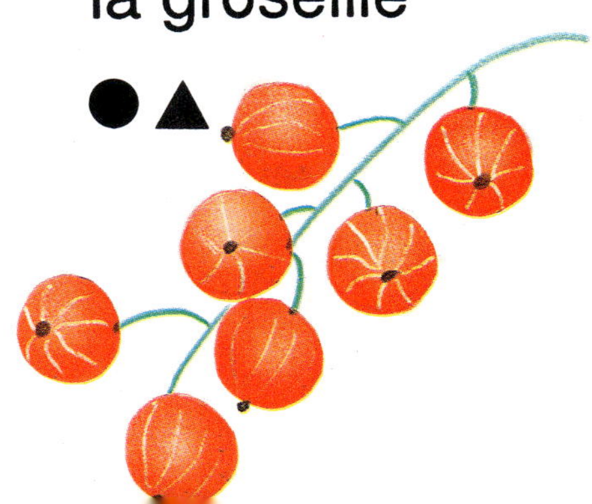

le cercle et le triangle

Qu'est-ce qui ressemble
à un triangle ? ▲

Qu'est-ce qui contient
un ou des cercles ? ●

la cloche
▲●

la pyramide ▲●

le bouton ▲●

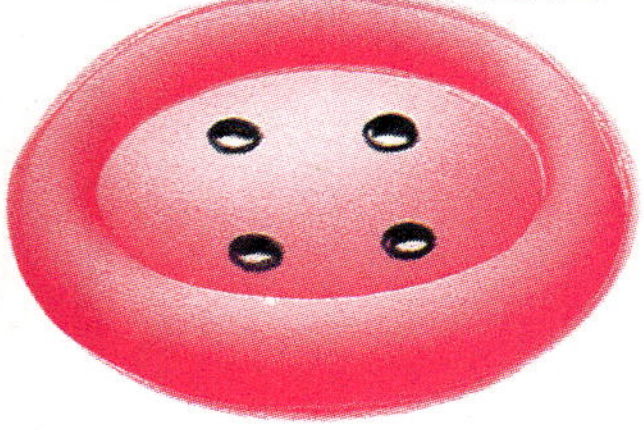

l'étoile
▲●

la planète
▲●

les lunettes ▲●

la tente
▲●

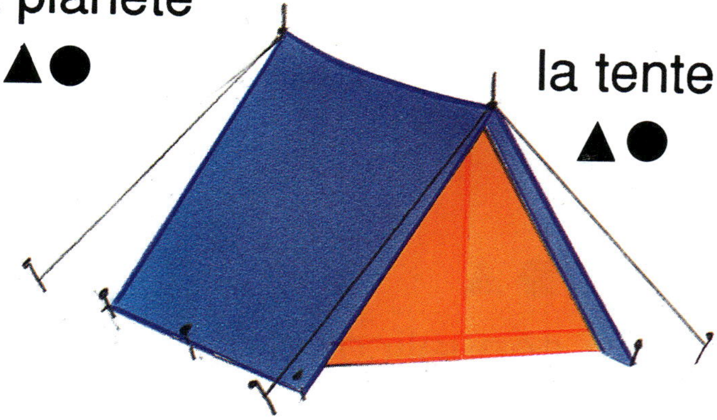

l'oiseau

Qu'est-ce qui appartient à l'oiseau ? ●

Qu'est-ce qui appartient au poisson ? ▲

● ▲
la plume

la patte ● ▲

la nageoire

● ▲

● ▲
les écailles

● ▲
le bec

● ▲ l'aile

la clémentine

Quels sont les fruits à pépins ? ●

Quels sont les fruits à noyau ? ▲

●▲

l'avion

Qu'est-ce qui vole ? ■

Qu'est-ce qui roule ? ●

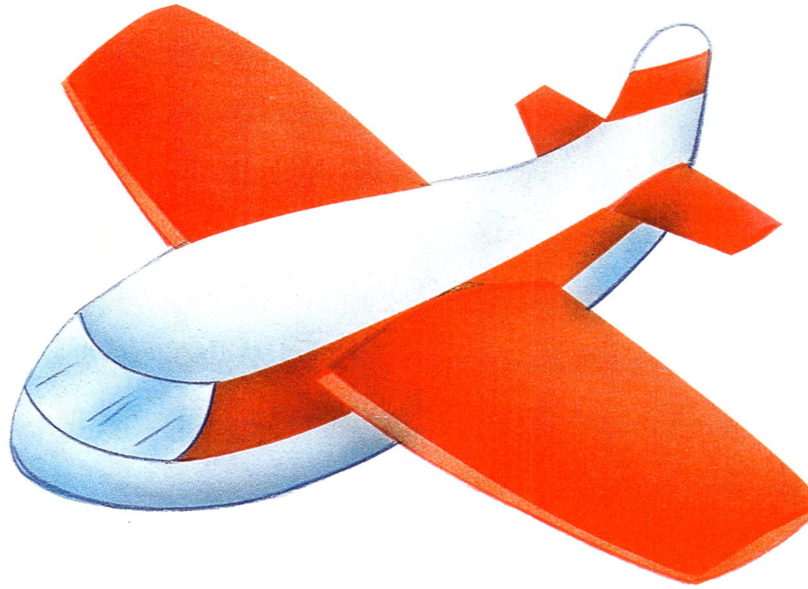

la montgolfière

■ ●

le wagon ■ ●

■ ●

le métro

la fusée

■ ●

■ ● la roulotte

le chariot ■ ●

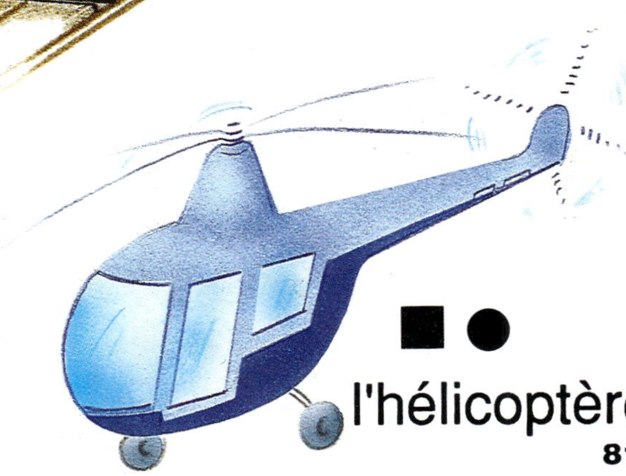

■ ●

l'hélicoptère

les fruits

Quels fruits ont une coquille ? ●

Quels fruits ont une peau ? ■

● ■
la banane

l'orange ● ■

●■
la noix

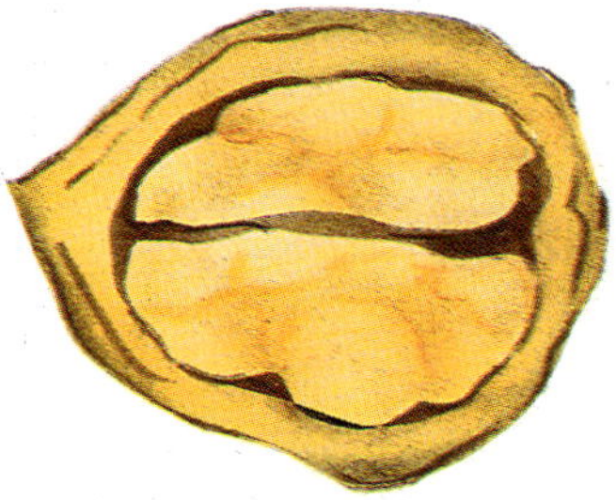

●■
la noisette

● ■
la pastèque

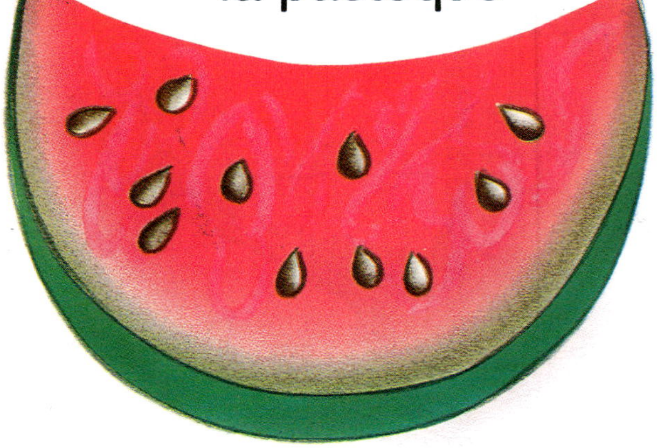

●■
l'amande

la courgette

Qu'est-ce qui se mange ? ●

Qu'est-ce qui ne se mange pas ? ■

le pneu ● ■

● ■

le riz

la mûre ● ■

● ■ le maïs

● ■

l'épingle à nourrice

la fraise ● ■

● ■

le ticket

● ■

le lilas

la cuisine

Qu'est-ce qui se trouve sur la table de cuisine ? ●

Qu'est-ce qui se trouve sous la table de cuisine ? ■

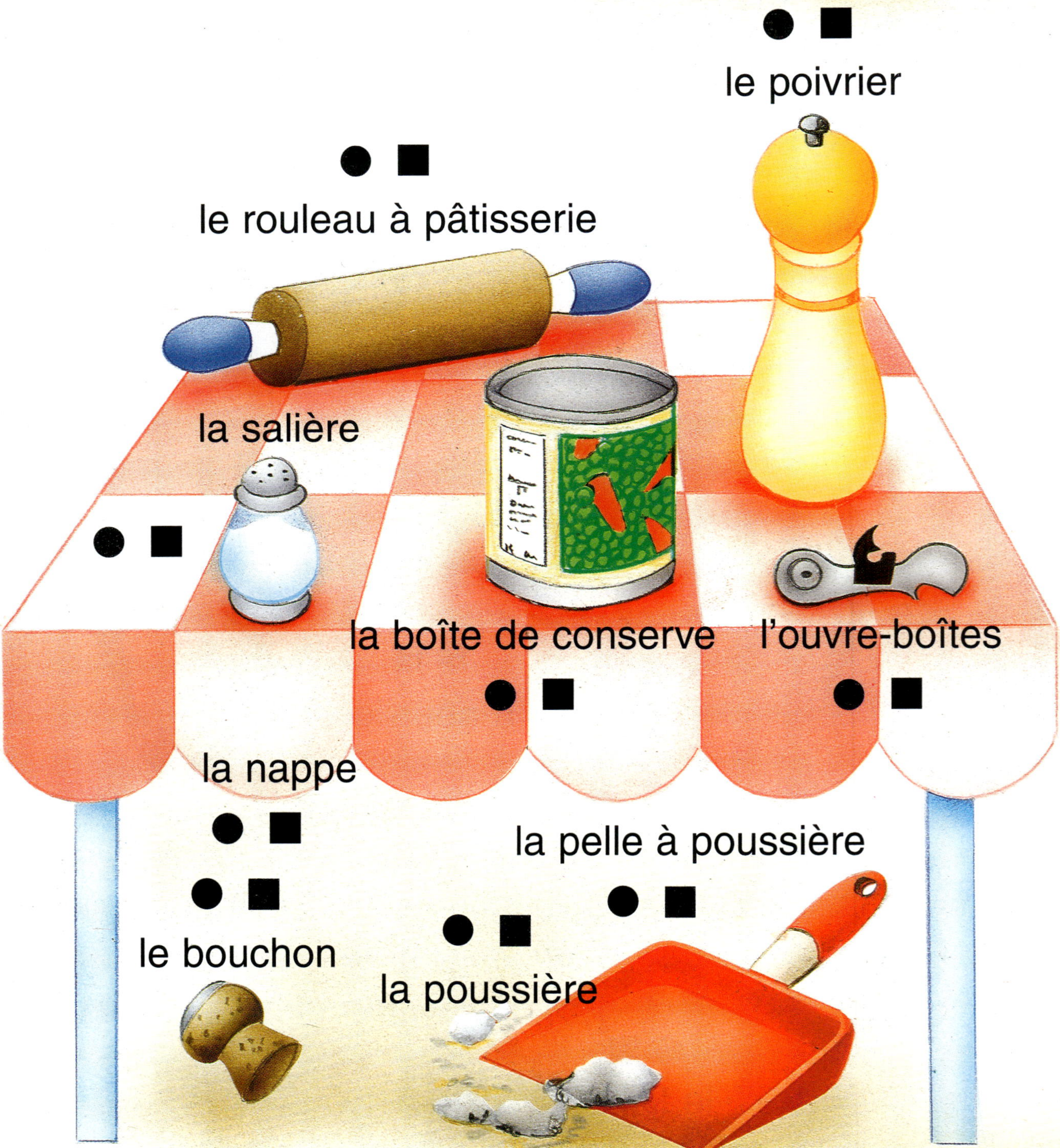

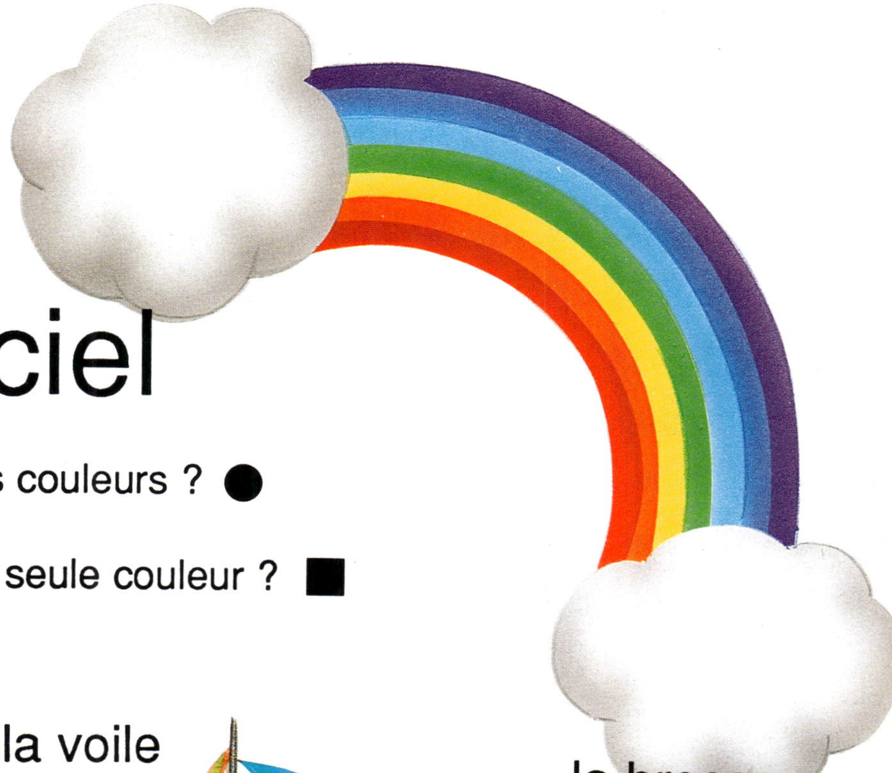

l'arc-en-ciel

Qu'est-ce qui a plusieurs couleurs ? ●

Qu'est-ce qui n'a qu'une seule couleur ? ■

la langue
● ■

la voile
● ■

la brosse
à cheveux
● ■

le dé à jouer
● ■

● ■
la grille

● ■
le costume

● ■
le dessin

la main

Qu'est-ce qui fait partie
du bras ? ●

Qu'est-ce qui fait partie
de la jambe ? ■

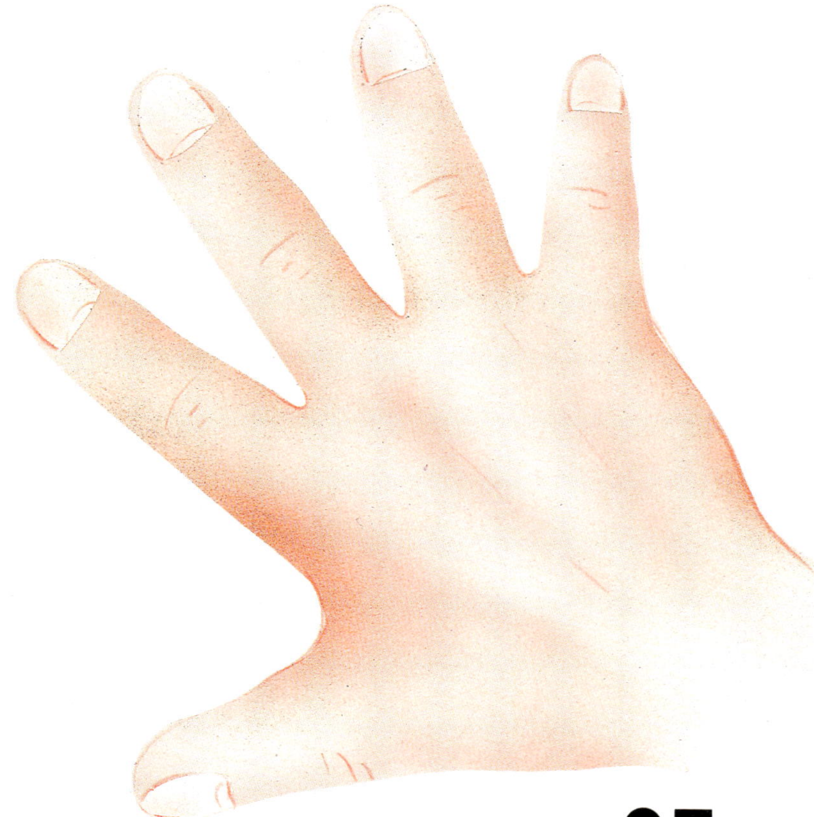

● ■
le doigt

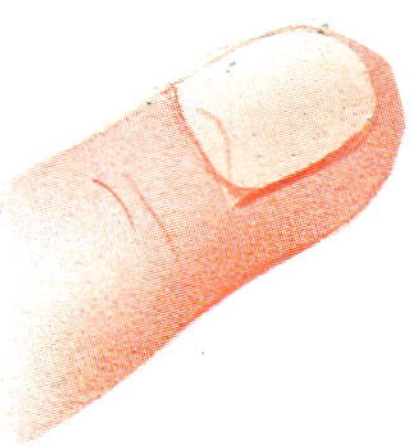

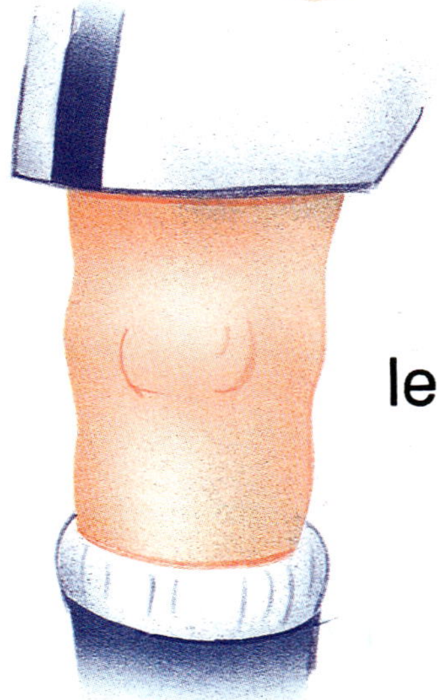

● ■
l'orteil

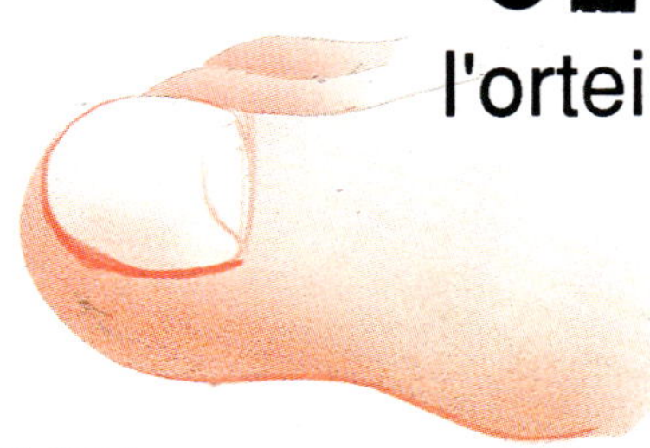

le genou
● ■

● ■
la cuisse

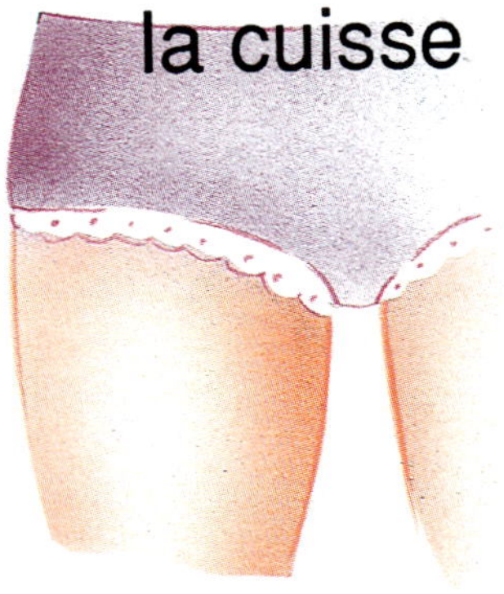

le coude
● ■

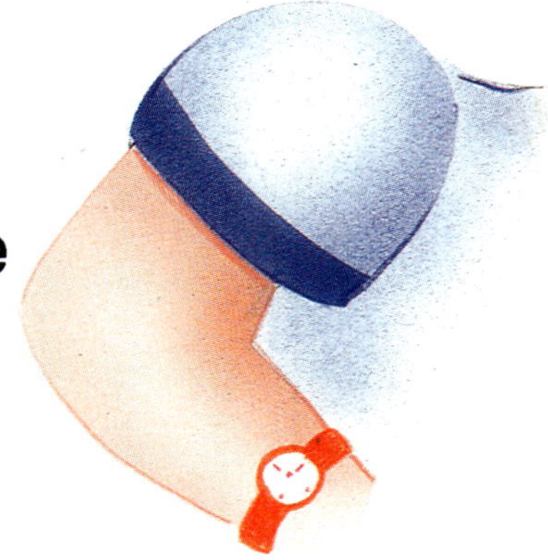

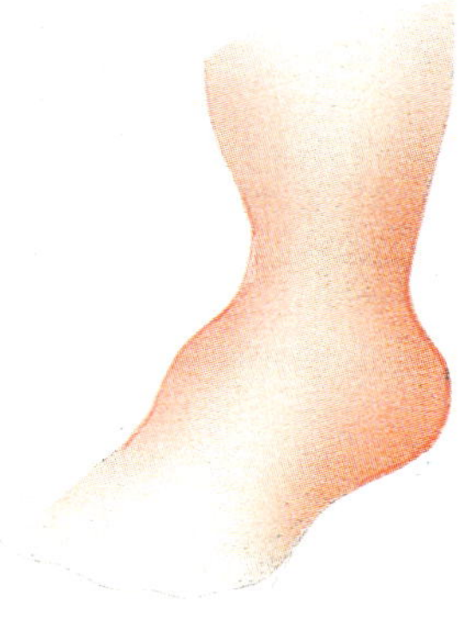

la cheville
● ■

● ■
le pouce

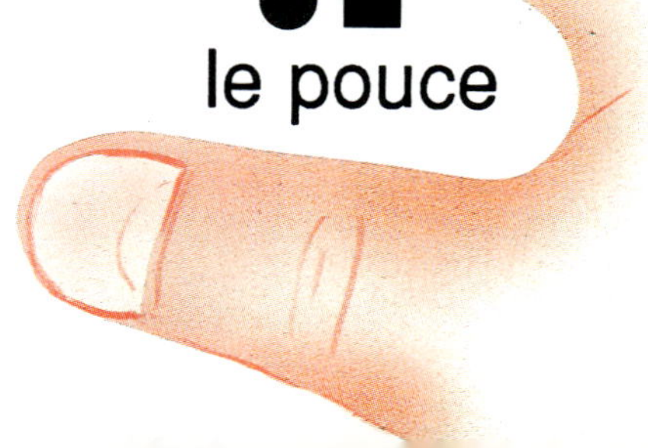

● ■
le pied

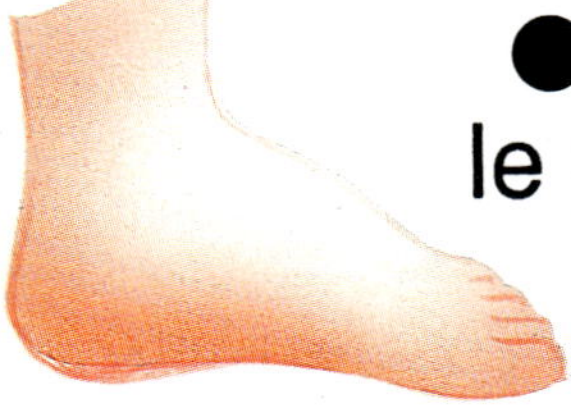

le yaourt

Qu'est-ce qui est sucré ? ●

Qu'est-ce qui n'est pas sucré ? ■

● ■

le fromage

● ■

la confiture

la guimauve

● ■

le poulet ● ■

● ■

la compote

la brioche ● ■

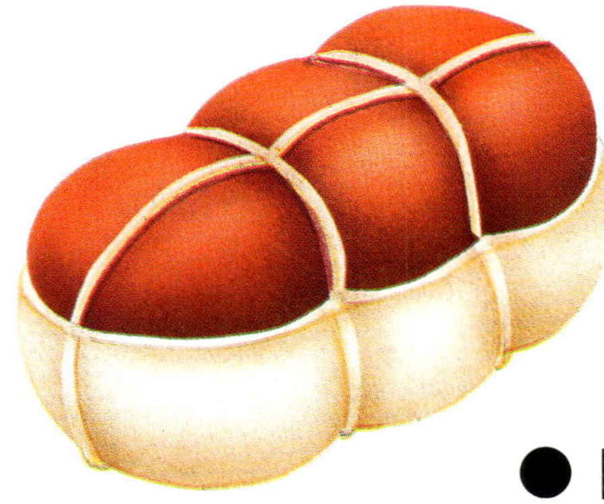

● ■

la viande

le téléphone

Qu'est-ce qui fait
du bruit ? ●

Qu'est-ce qui ne fait pas
de bruit ? ▲

le sèche-cheveux

●▲

●▲

le tableau

le coussin

●▲

le hochet

●▲

la radio ●▲

●▲

la télévision

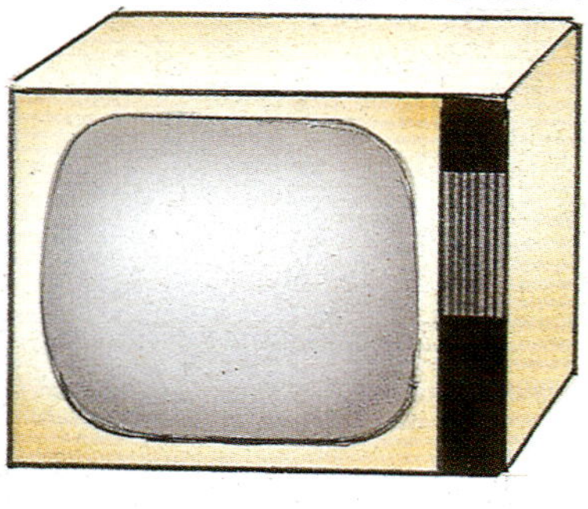

le guéridon

●▲

l'armoire

Quels meubles servent à ranger ? ●

Quels meubles servent à s'asseoir ? ▲

le pouf

● ▲

le fauteuil

● ▲

la commode

● ▲

la chaise

● ▲

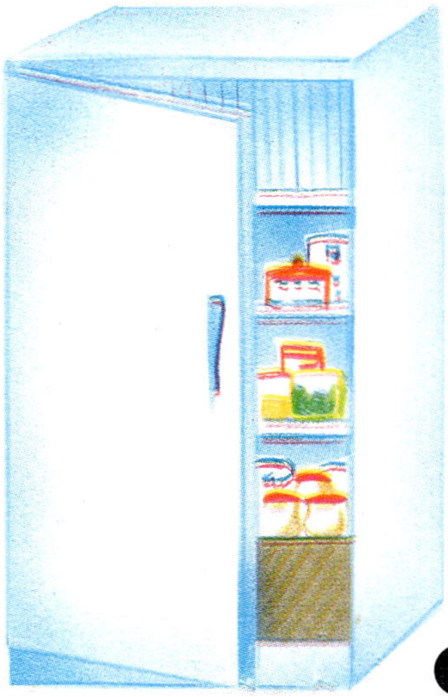

● ▲

le réfrigérateur

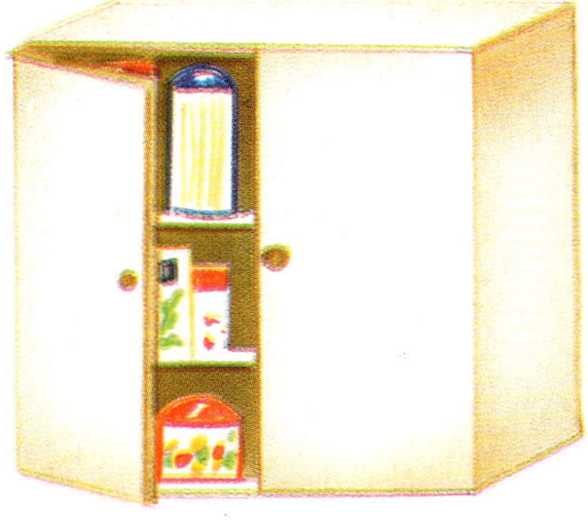

le placard ● ▲

le rectangle et le carré

Qu'est-ce qui a la forme d'un rectangle ? ●

Qu'est-ce qui a la forme d'un carré ? ▲

la porte ● ▲

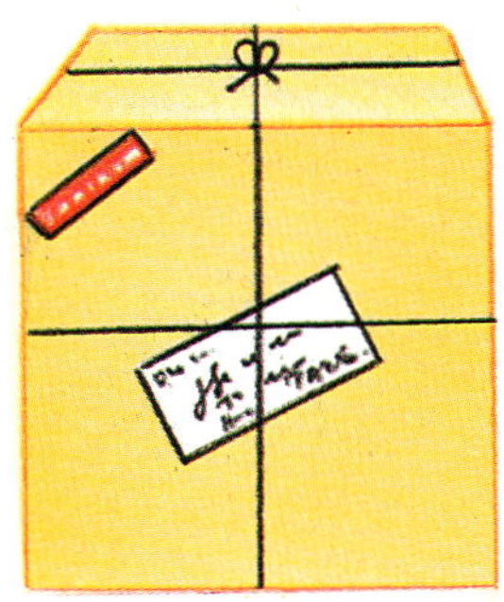

le paquet ● ▲

● ▲ la télécommande

le jardin ● ▲

● ▲ le plateau

● ▲ le tiroir

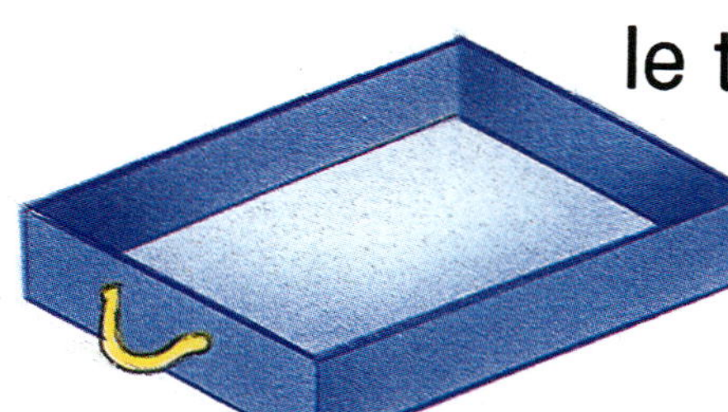

● ▲ l'enveloppe

Jeux de connaissance

le Père Noël

Qu'est-ce qui va avec le Père Noël ?

le renne

la hotte

la guirlande

le déguisement

les confettis

le traîneau

le collier

Quel bijou porte-t-on au doigt ?

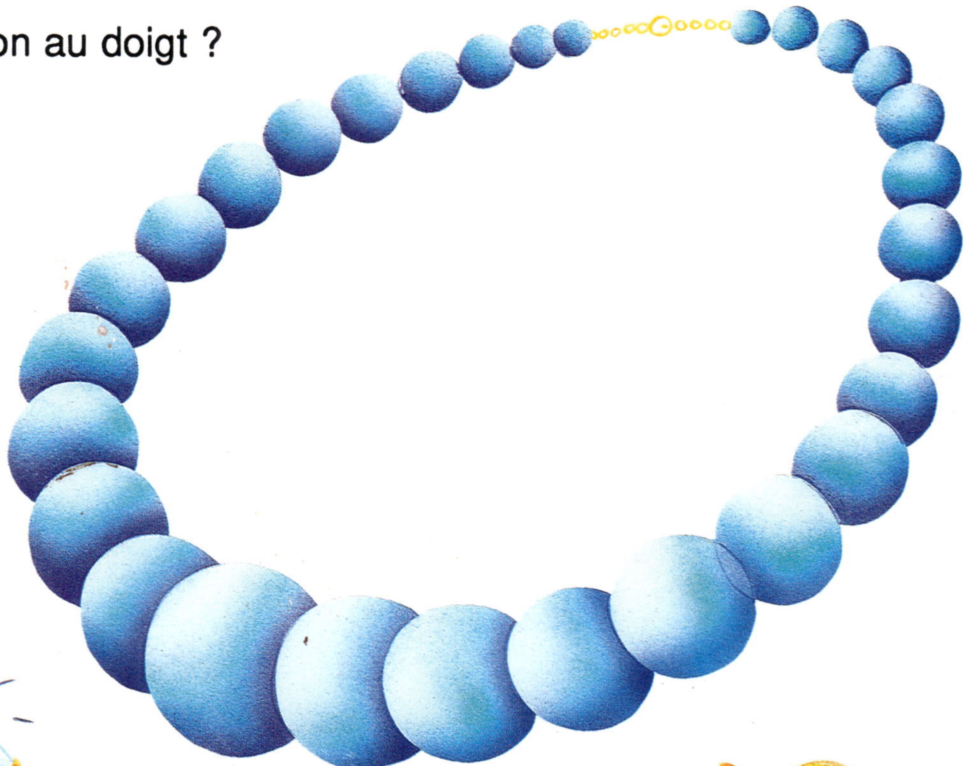

la bague

la boucle d'oreille

la broche

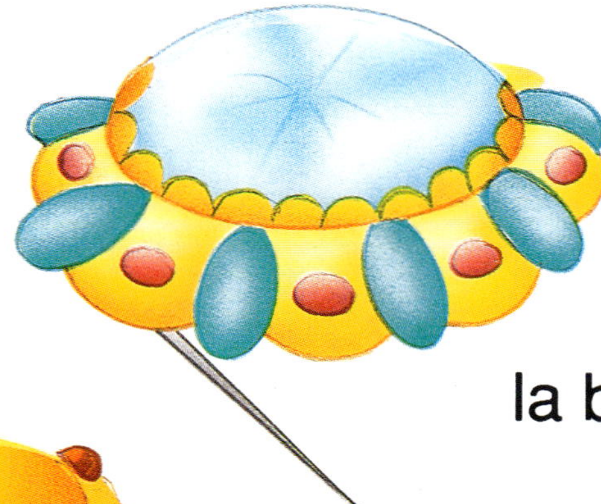

la barrette

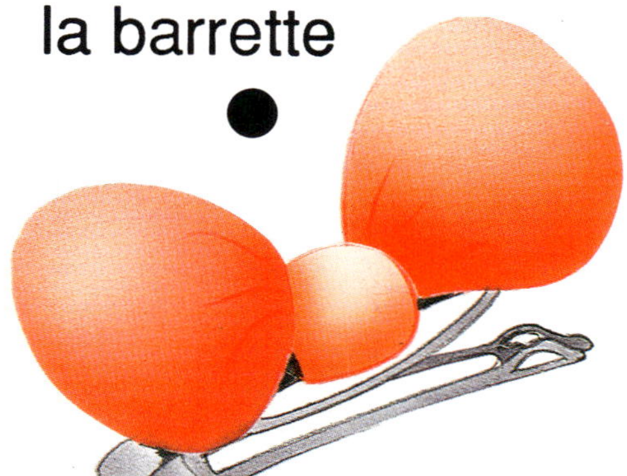

le bracelet

le cirque

Qui fait rire les enfants ?

l'acrobate

l'écuyère

le clown

le jongleur

le funambule

le gorille

Quel animal n'existe plus ?

le dinosaure

l'hippocampe

le chevreuil

le loup

le renard

le boa

le maçon

Qui répare le toit ?

le charpentier

le plombier

le menuisier

le peintre

l'ébéniste

la salade

Qu'est-ce qu'on met rarement dans la salade ?

la mayonnaise ●

l'huile ●

le vinaigre ●

la sauce tomate ●

le sel ●

la moutarde ●

les vêtements

Qu'est-ce qui va avec
les vêtements ?

le lacet

le peigne

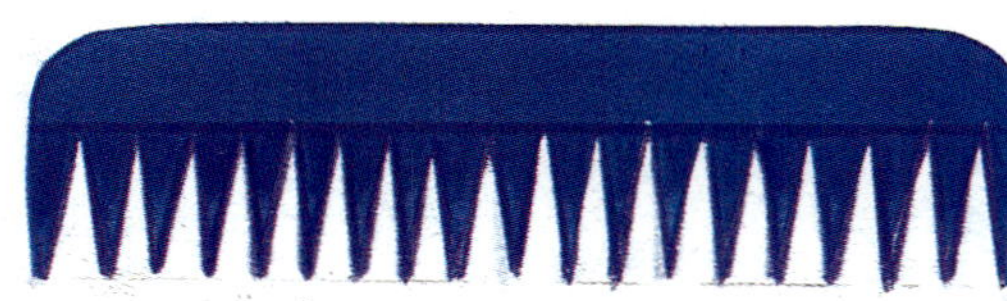

la manche

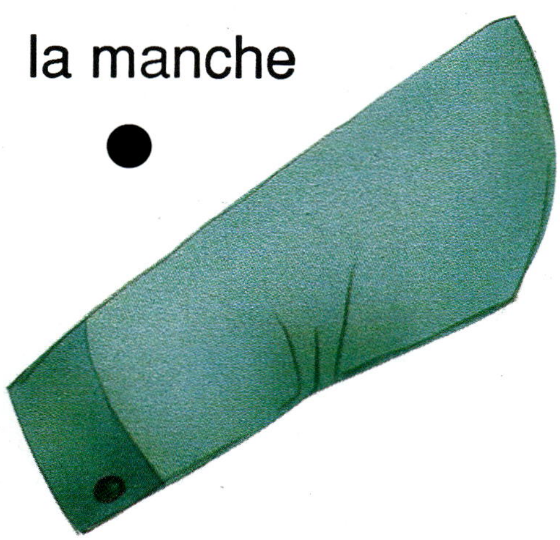

la punaise

la lessive

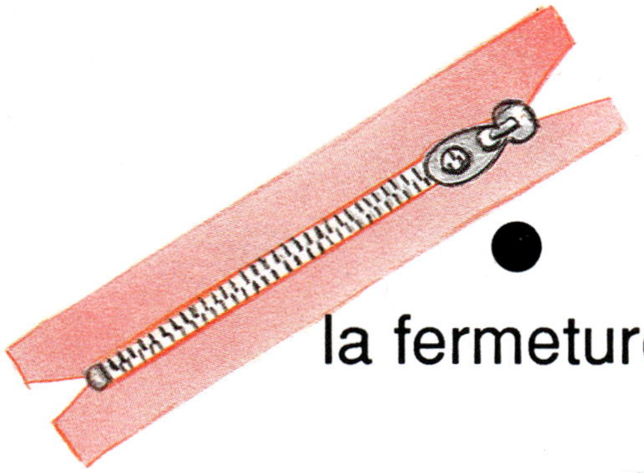

la fermeture Eclair

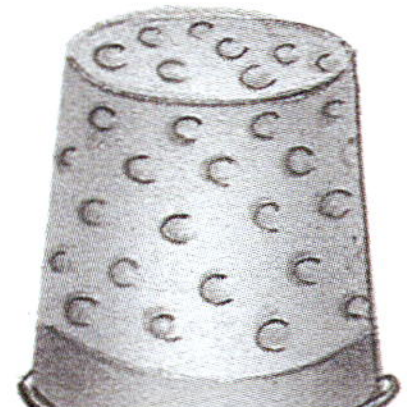

le dé à coudre

le col

le cygne

Quel oiseau vit dans
la montagne ?

le pélican

l'hirondelle

le moineau

le pigeon

l'aigle

le mécanicien

Où travaille le mécanicien ?

le chapiteau ●

la poste ●

l'église

●

le garage ●

le salon

●

l'épicerie

●

le chien

Quels mots vont
avec chien ?

l'os

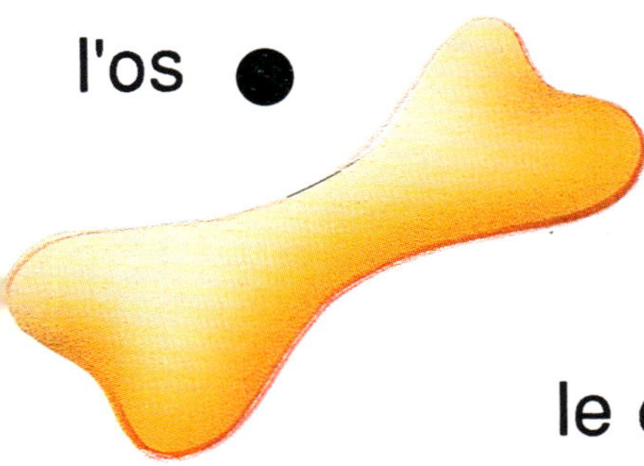

le caniche

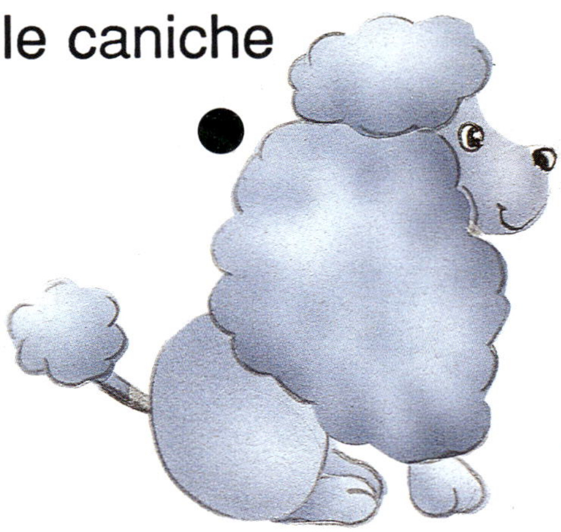

la laisse

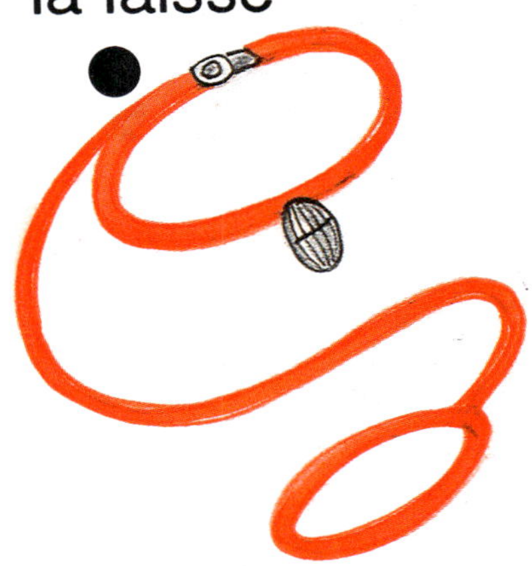

la queue

le dalmatien

la bosse

le sparadrap

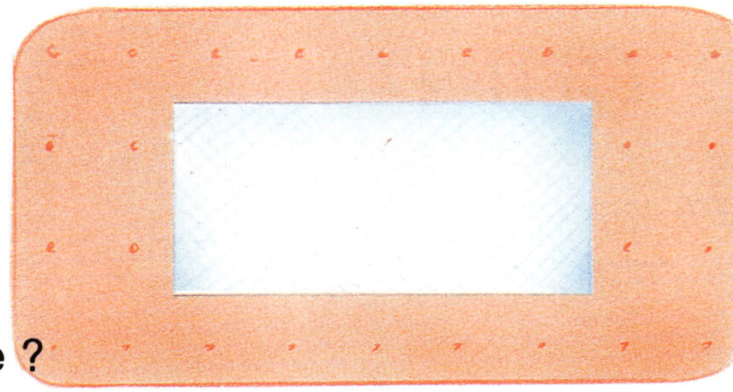

Quels mots vont avec la maladie ?

le bandage

la boîte à outils

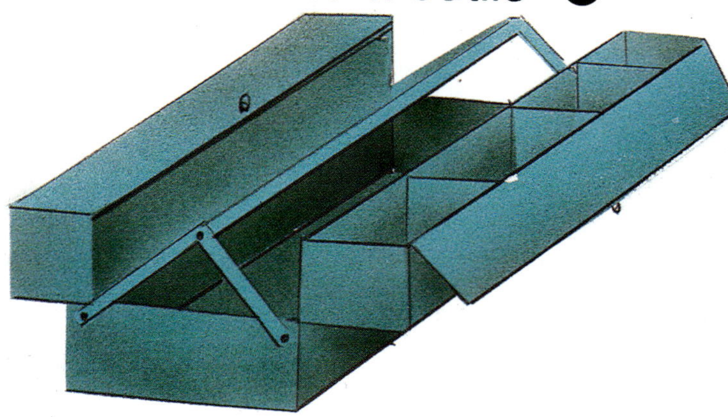

la cicatrice

le thermomètre

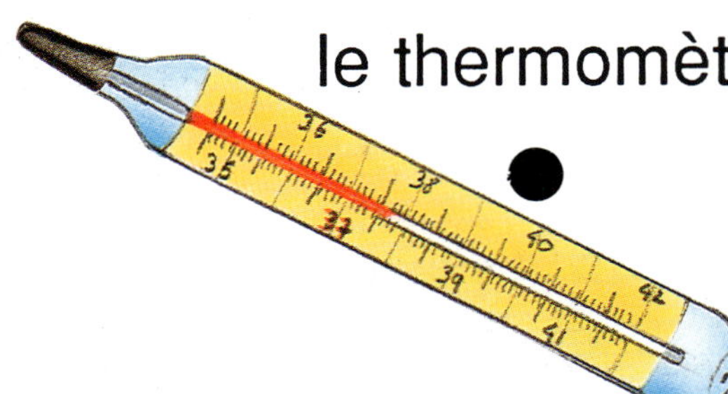

le sécateur

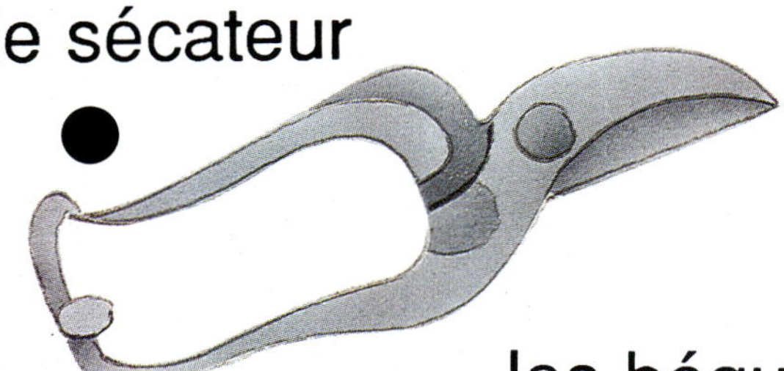

les béquilles

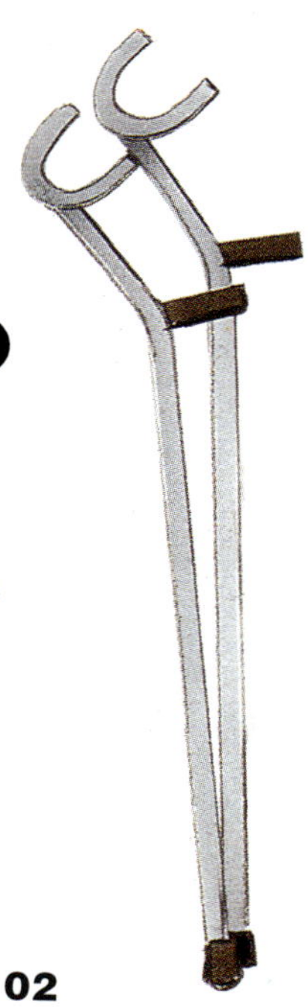

le fauteuil roulant

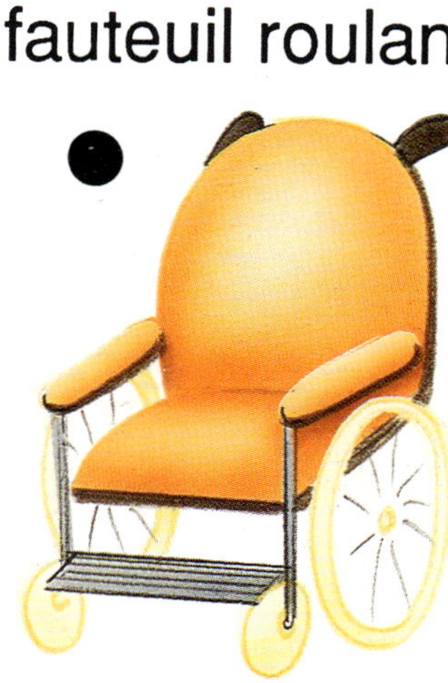

la civière

la pomme de terre

Quels plats sont faits à partir de la pomme de terre ?

les pâtes

les céréales

les frites

l'omelette

la purée

l'école

Qui fait la classe
aux élèves ?

le shérif

l'instituteur

le cuisinier

le cow-boy

le médecin

la boulangerie

Dans quels magasins achète-t-on de la nourriture ?

la boucherie

la crémerie

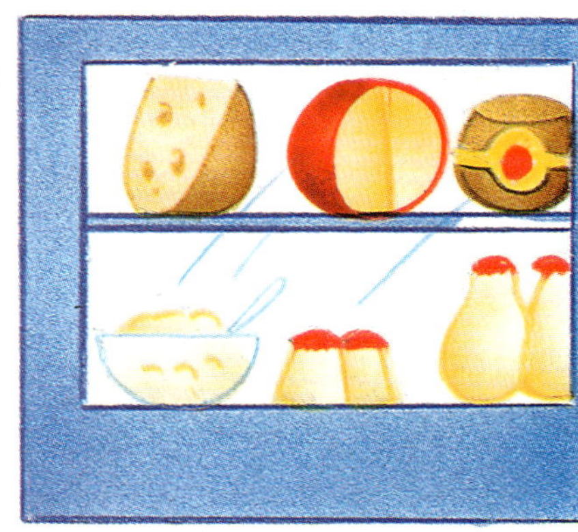

la librairie

le fleuriste

la charcuterie

la niche

Qui vit dans la niche ?

l'otarie

le toucan

la brebis

la perdrix

la perruche

le berger allemand

la voiture

Qu'est-ce qui appartient
à la voiture ?

le coffre

la pagaie

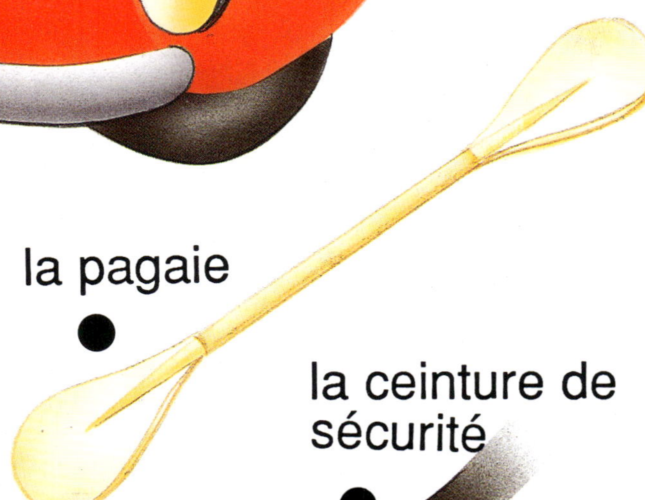

la ceinture de
sécurité

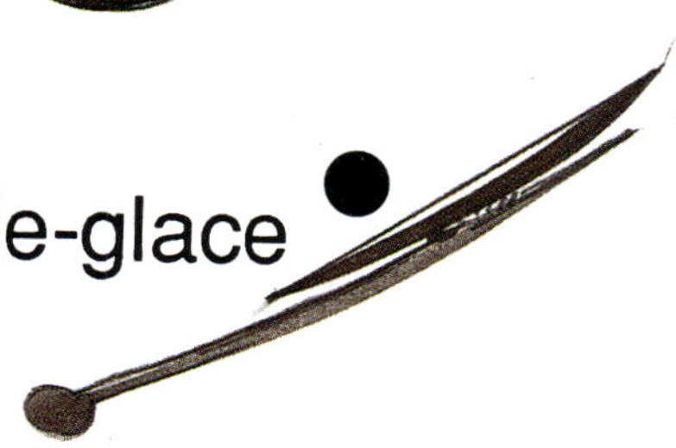

l'essuie-glace

le rétroviseur

les rails

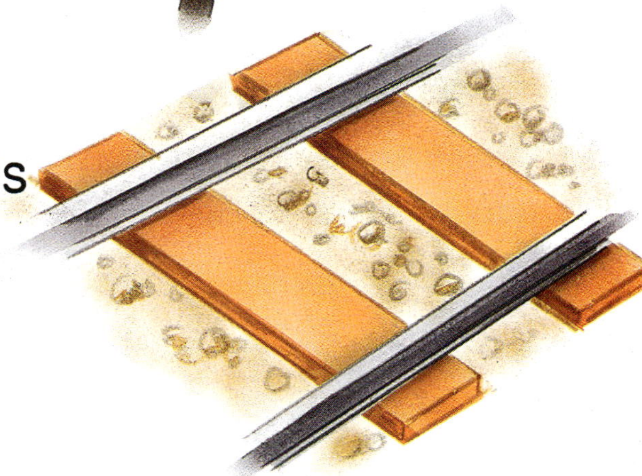

l'abeille

Que fabrique l'abeille ?

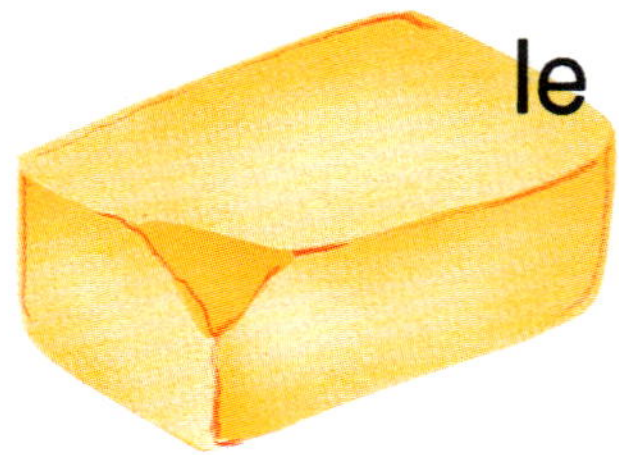

le beurre

le lait

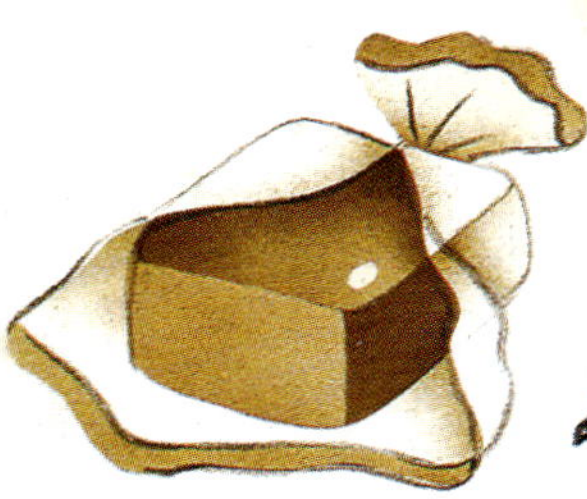

le caramel

le chocolat

le miel

le sucre

le square

Quel est le jeu pour lequel
il faut savoir compter ?

le manège

les patins à roulettes

la balançoire

le jeu de dominos

le bac à sable

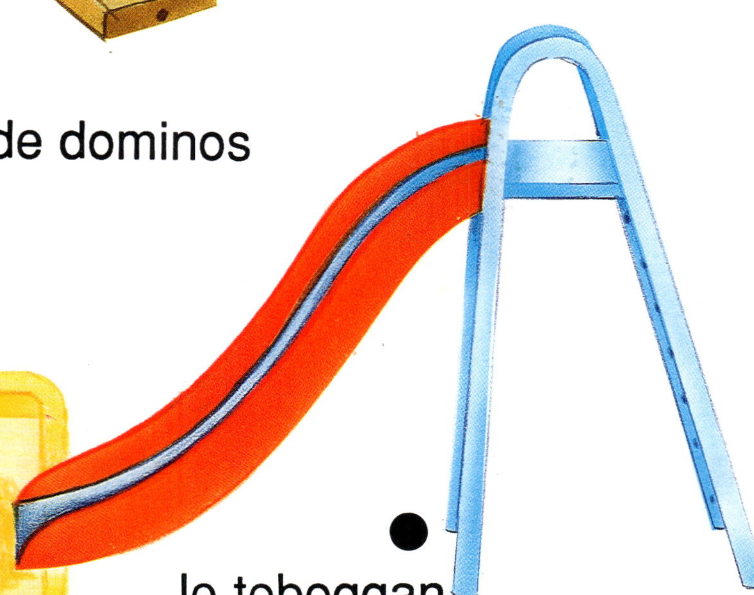

le toboggan

la clé

Qu'est-ce qui va avec la clé ?

le verrou ●

le cadenas ●

la serrure ●

le porte-clés ●

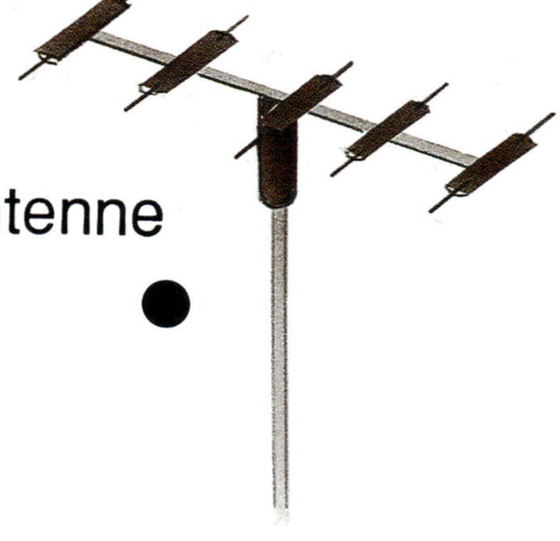

l'antenne ●

l'arbre

Où les oiseaux font-ils leur nid ?

la dent

Qui soigne les dents ?

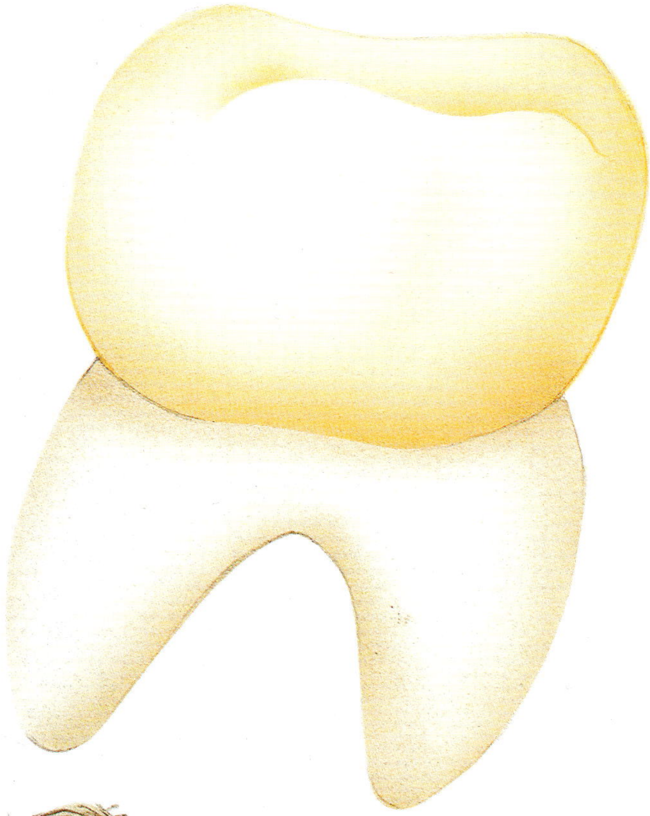

le prêtre

l'hôtesse de l'air

l'électricien

le dentiste

le comédien

le cochon

Que fait-on à partir du cochon ?

le boudin

le steak

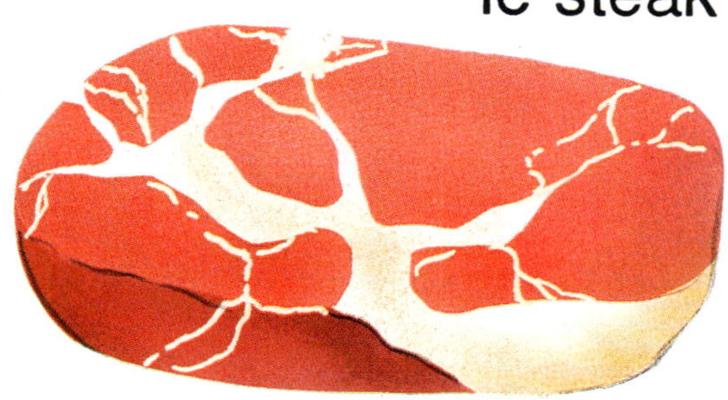

le jambon

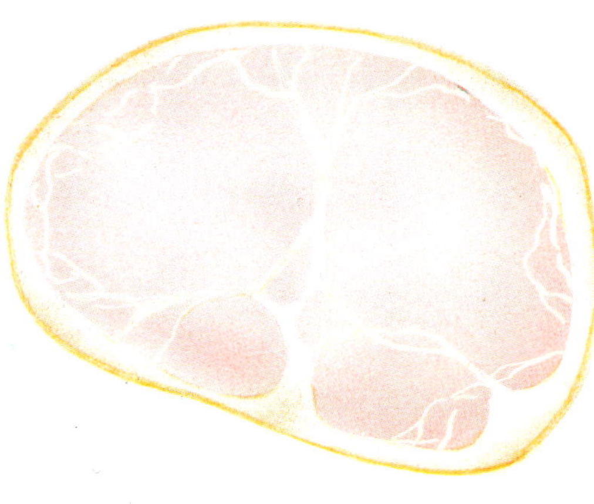

la saucisse

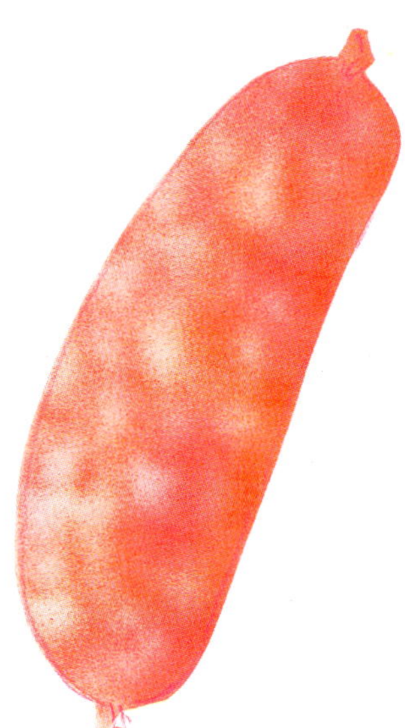

le hamburger

la plage

En quoi est faite la plage ?

le sable

le plâtre

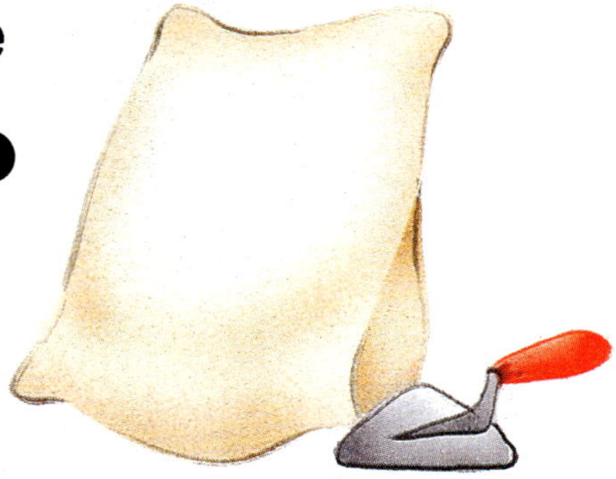

la vague

l'écume

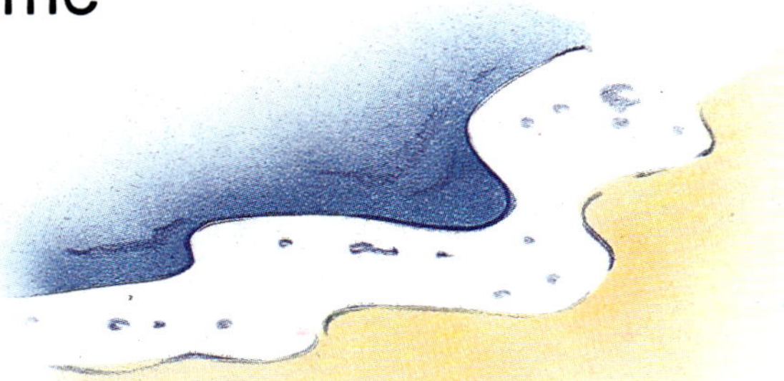

la fumée

le magasin

Qui travaille dans un magasin ?

le boucher

le libraire

le facteur

le boulanger

le conducteur

la Lune

Qui va sur la Lune ?

le marin-pêcheur

le chef d'orchestre

le magicien

le cosmonaute

l'avocat

la classe

Avec quoi fait-on des dessins ?

les crayons

le cahier

la gomme

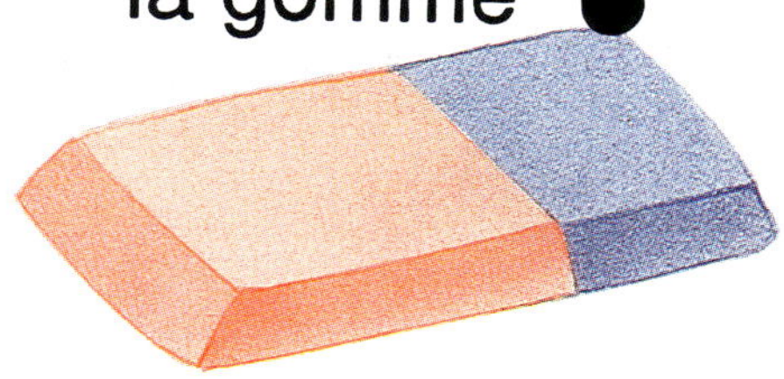

le magazine

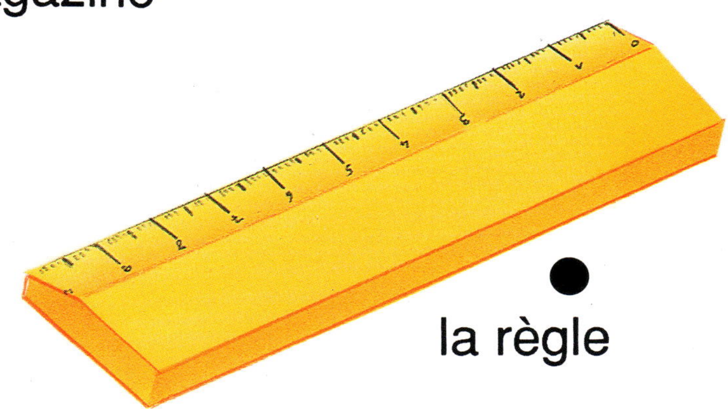

la règle

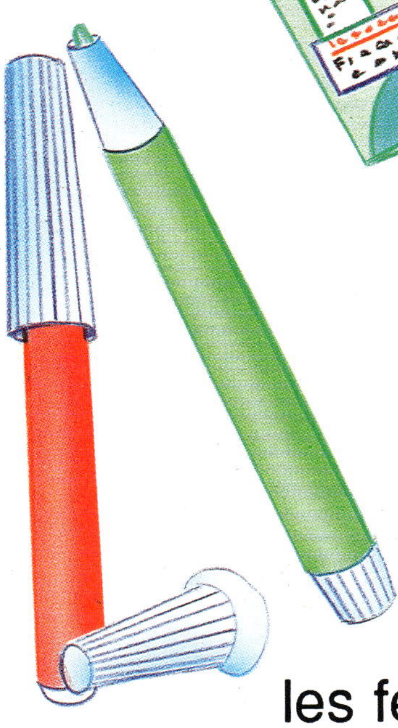

les feutres

la poire

Que trouve-t-on à l'intérieur de la poire ?

les pépins

la queue

le noyau

le trognon

les épluchures

le bébé

Qu'est-ce qui appartient
au bébé ?

la fée

Dans les histoires,
qui sont les méchants ?

l'ogre

le dragon

le prince

le chevalier

la princesse

la sorcière

le pirate

la rue

Où doit-on traverser ?

l'affiche

le trottoir

le caniveau

le passage piéton

le parking

les feux de circulation

le veau

Quel animal est le petit
du mouton ?

le poulain

l'agneau

le chevreau

le marcassin

le faon

le porcelet

la pièce de monnaie et le billet de banque

Où peut-on mettre de l'argent ?

la tirelire

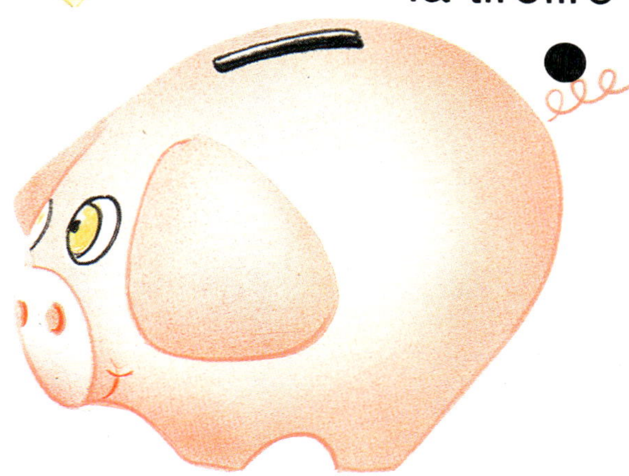

le porte-monnaie

le tire-bouchon

le portefeuille

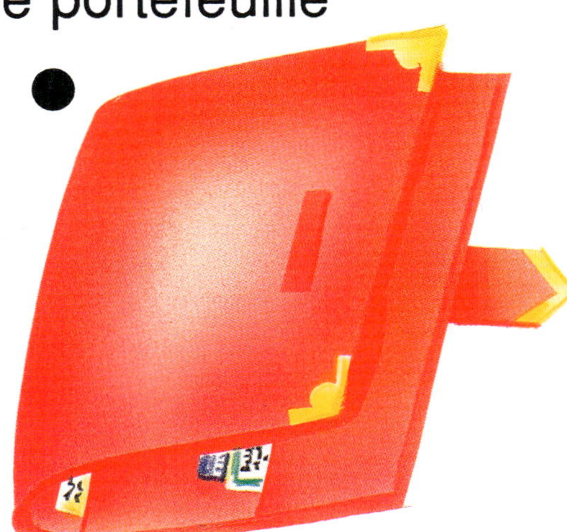

la poche

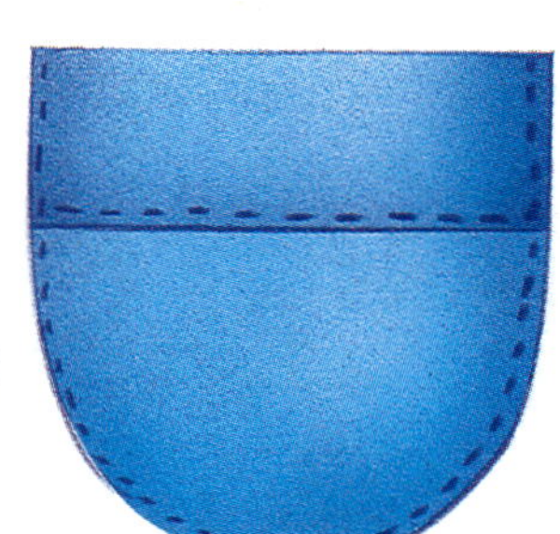

le champ

Que peut-on trouver dans
un champ ?

l'épouvantail

la fourche

l'agriculteur

le clapier

le tracteur

le poulailler

le robot

Quel jouet peut-on faire voler ?

les billes

la marionnette

la corde à sauter

le cerf-volant

le ballon

le livre

Où range-t-on les livres ?

le portemanteau

la boîte aux lettres

l'étagère

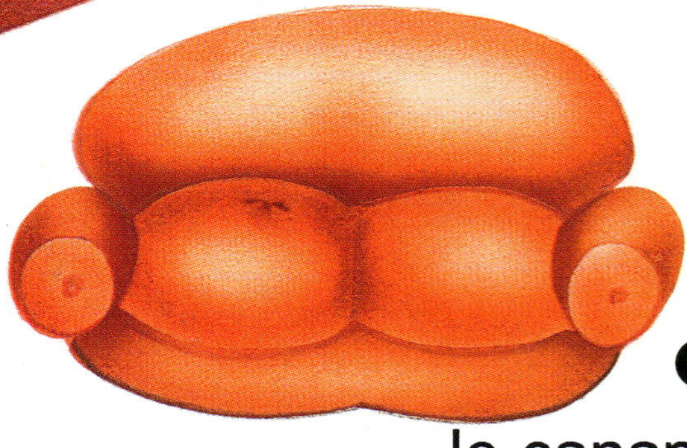

le canapé

la bibliothèque

la cheminée

le cheval

Qu'est-ce qui va avec
le cheval ?

l'étrier

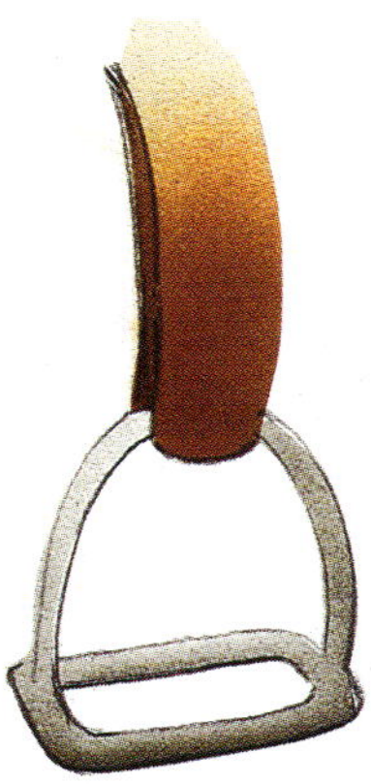

la crinière

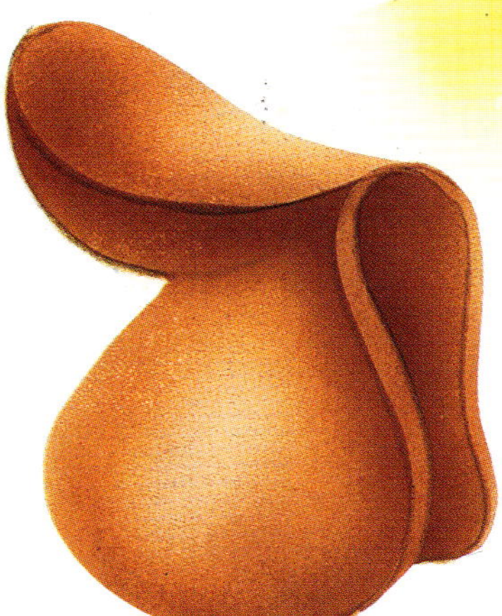

l'écurie

la jument

la selle

la corne

le pompier

Qui porte un uniforme ?

la poule

Quels animaux vivent dans
la basse-cour ?

la terre

Qu'est-ce qui sert à construire une maison ?

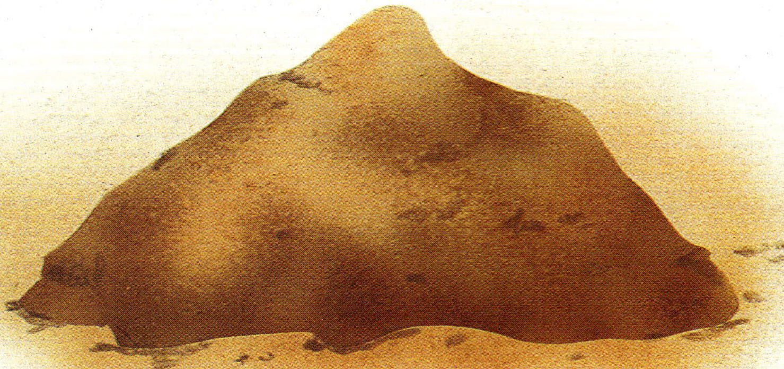

la tuile

la brique

la pierre

les skis

les palmes

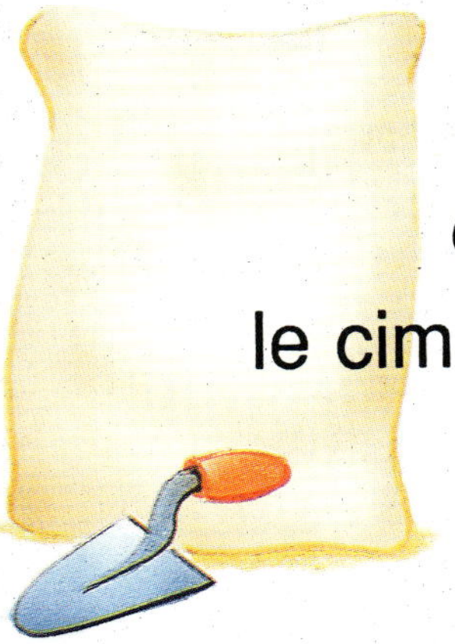

le ciment

le bois

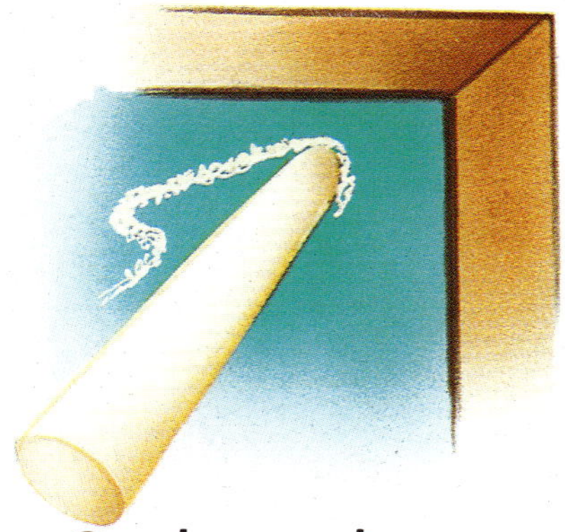

la craie

la salle de bains

Que trouve-t-on dans
la salle de bains ?

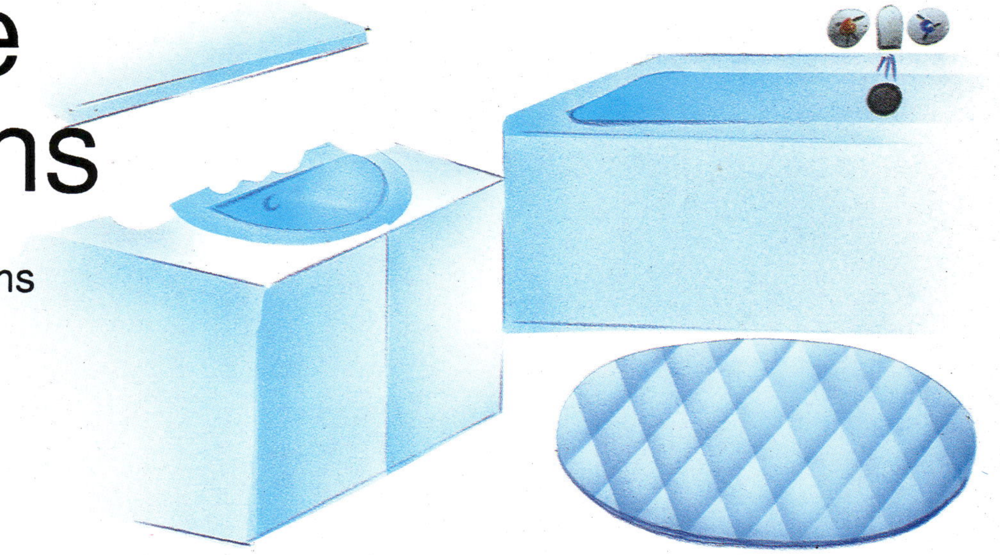

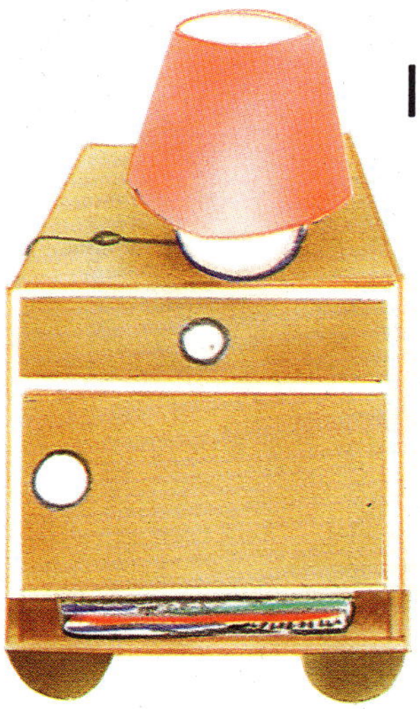

la table de chevet

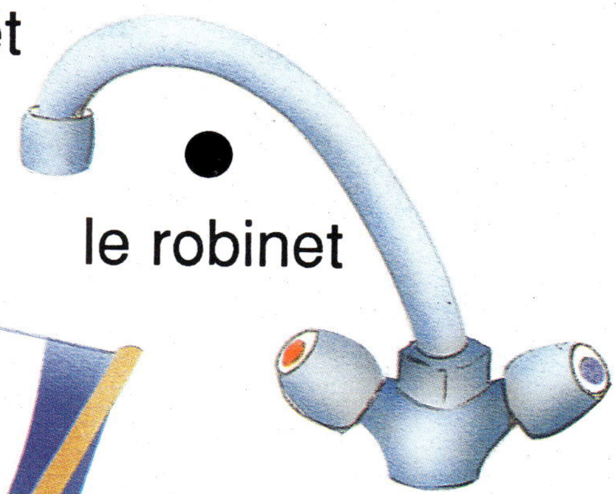

le robinet

la chaise longue

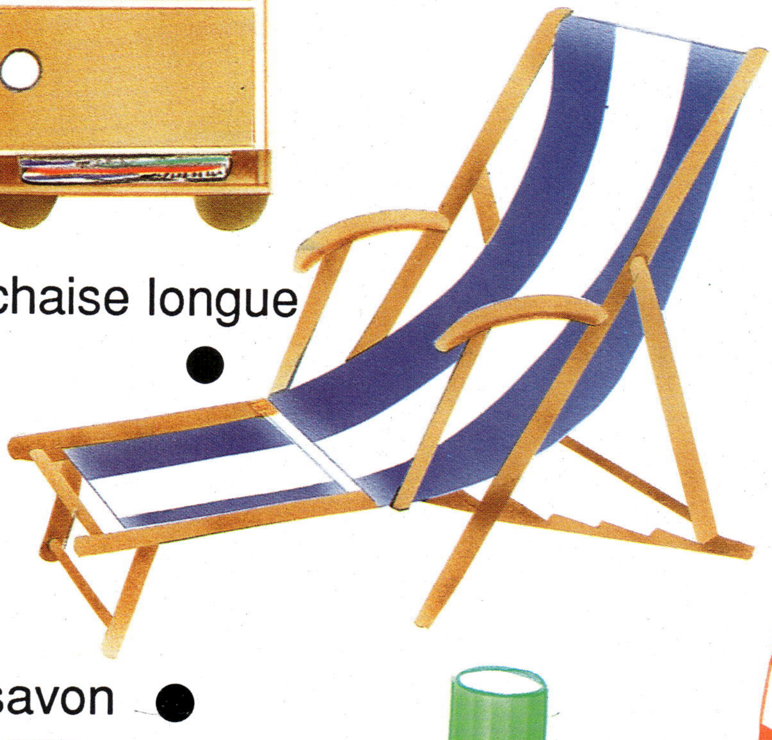

le savon

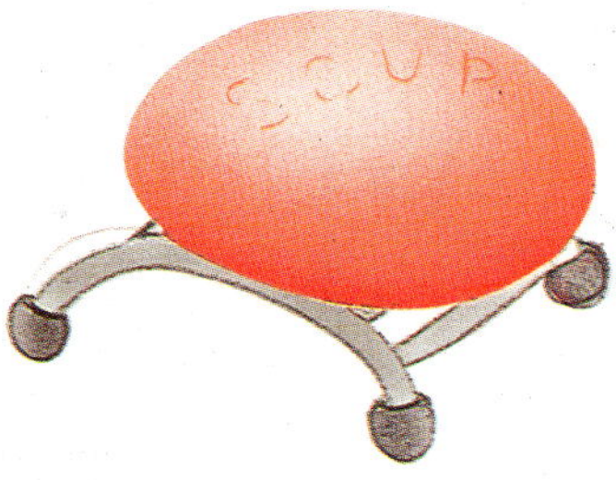

la serviette de bains

le shampooing

la trottinette

Qu'est-ce qui glisse sur la neige ?

le tramway

la luge

la grue

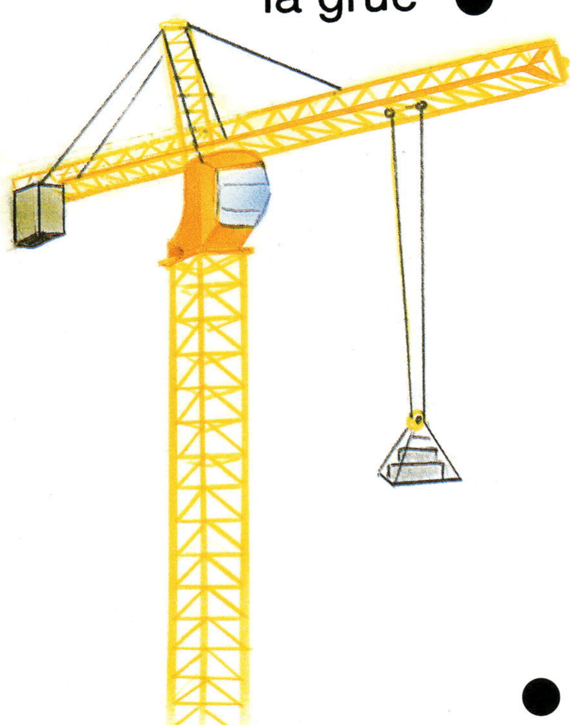

le sous-marin

le remonte-pente

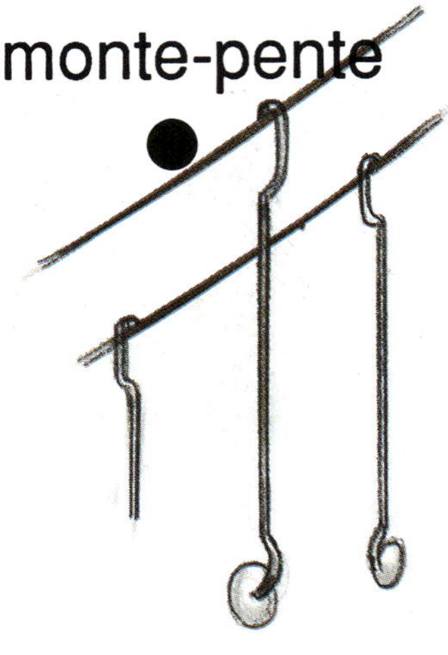

le fennec

Jeux des sons

le carrosse

Quels mots commencent par la lettre «c» ?

le château fort

le cavalier

la reine

la couronne

le trône

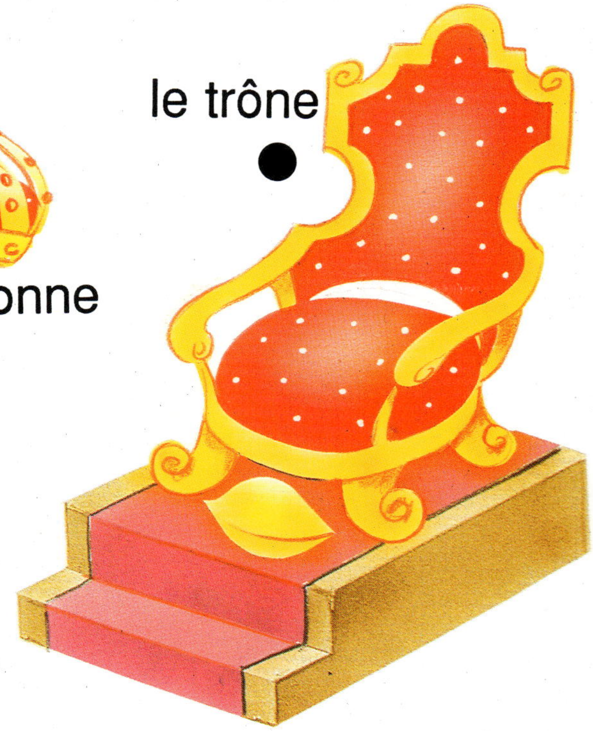

le lutin

le calendrier

Quels mots contiennent
le son «an» ?

la balance

le landau

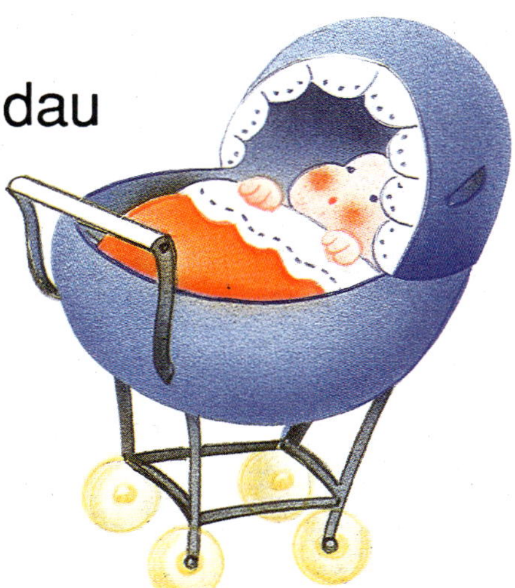

le jardinier

le vent

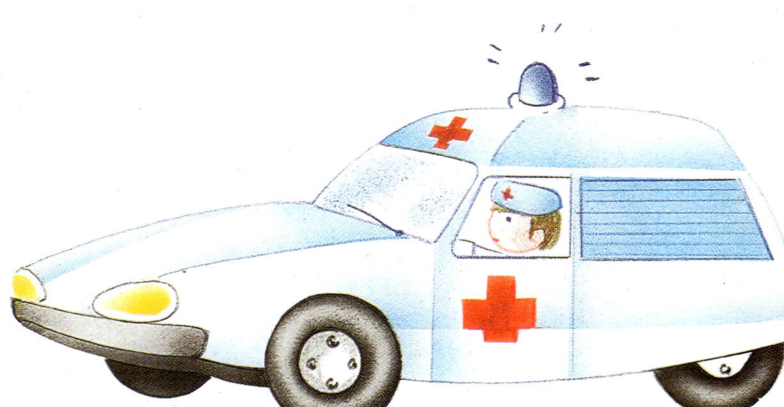

l'ambulance

la famille

Quels mots se terminent par le son «ère» ?

la tante ●

● la sœur

● le grand-père

le frère ●

● la mère

la grand-mère
●

le père ●

● l'oncle

le papillon

Quel mot ne se termine pas par le son «on» ?

le piéton ●

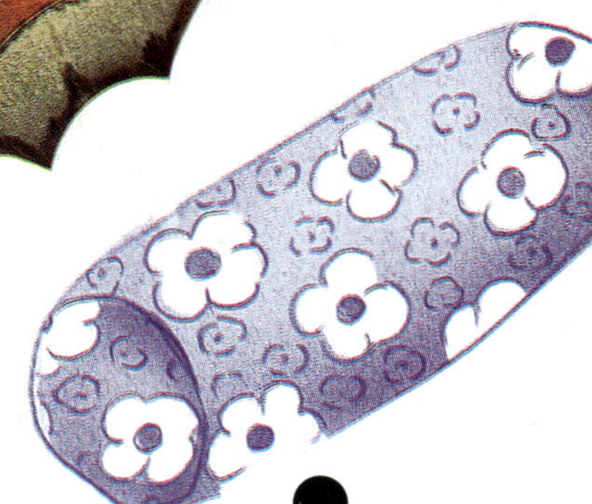

●
le grillon

● le polochon

l'équitation
●

● le bâtiment

la table

Quels mots commencent
par le son «ta» ?

le tabouret

le tapis

le tablier

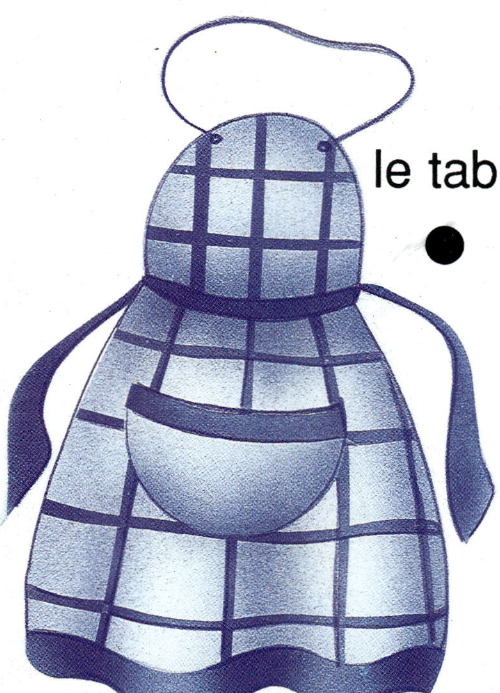

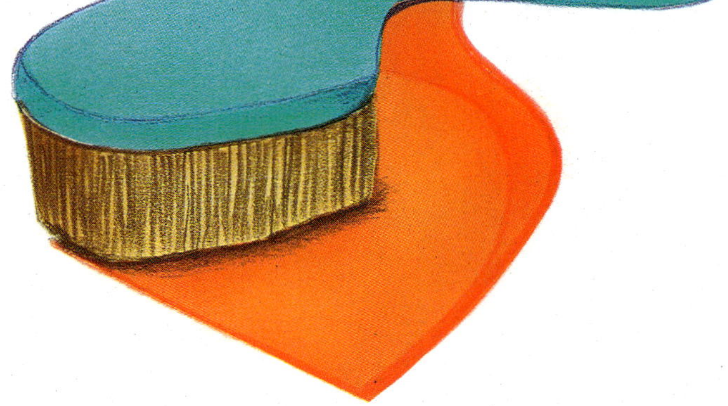

la balayette

l'oignon

Quels mots commencent par
la lettre «p» ?

l'arrosoir

Quels mots finissent
par le même son ?

le nénuphar

la bouilloire

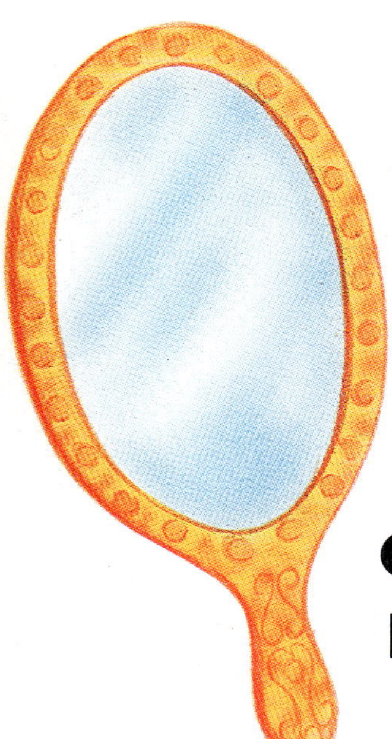

le miroir

le peignoir

le parapluie

Quels mots commencent
par le son «para» ?

le parachute

la pelouse

le papier

le parasol

le parapente

la tartine

Devant quels mots
met-on «la» ?

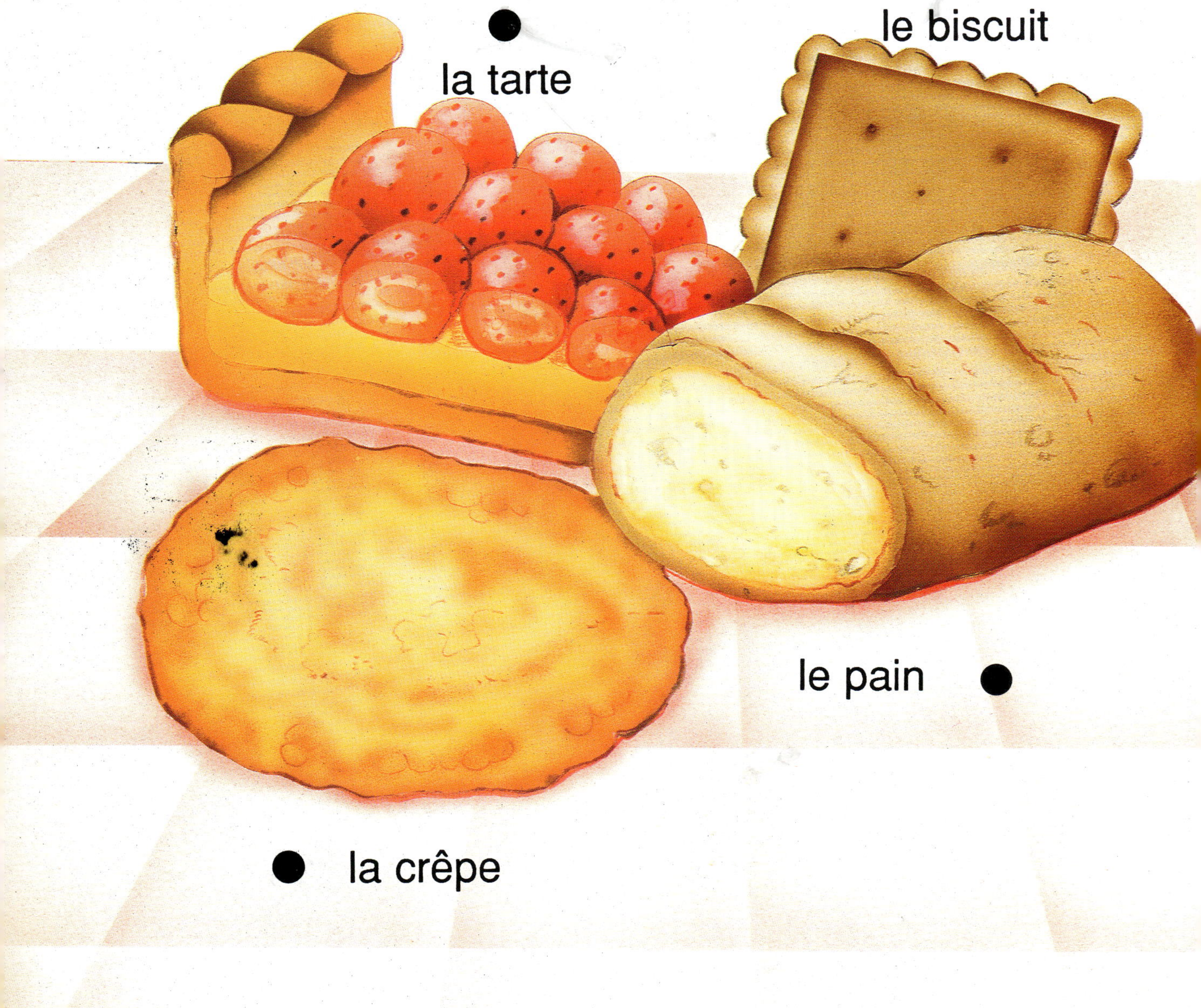

le sac

Quel mot est fait à partir
de «sac» ?

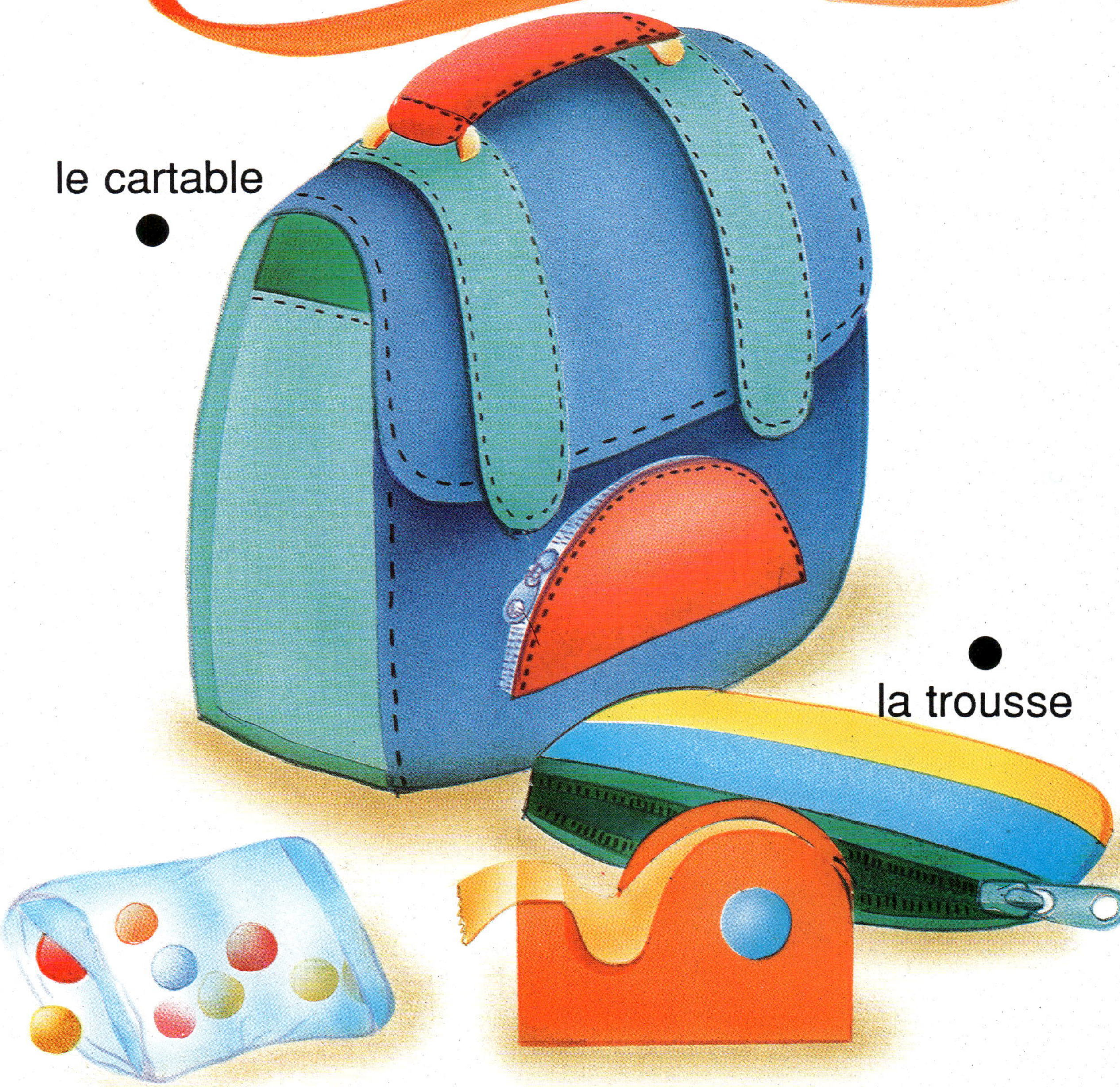

le poil

Quel mot se prononce
comme «poil» ?

les cheveux

la barbe

la poêle

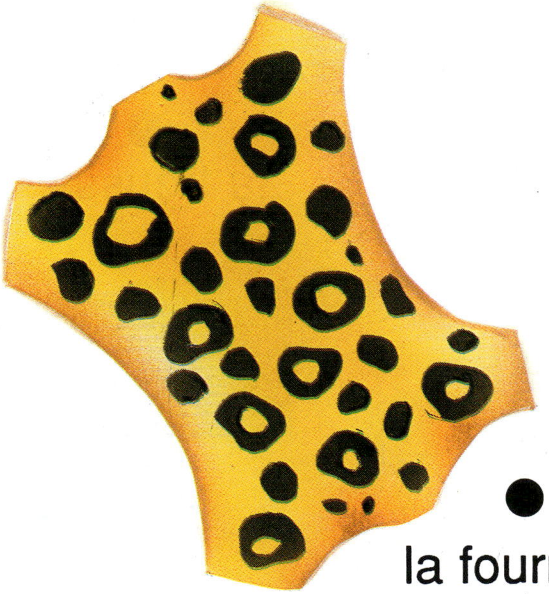

la fourrure

la perruque

la serviette de table

Quels mots commencent par la lettre «s» ?

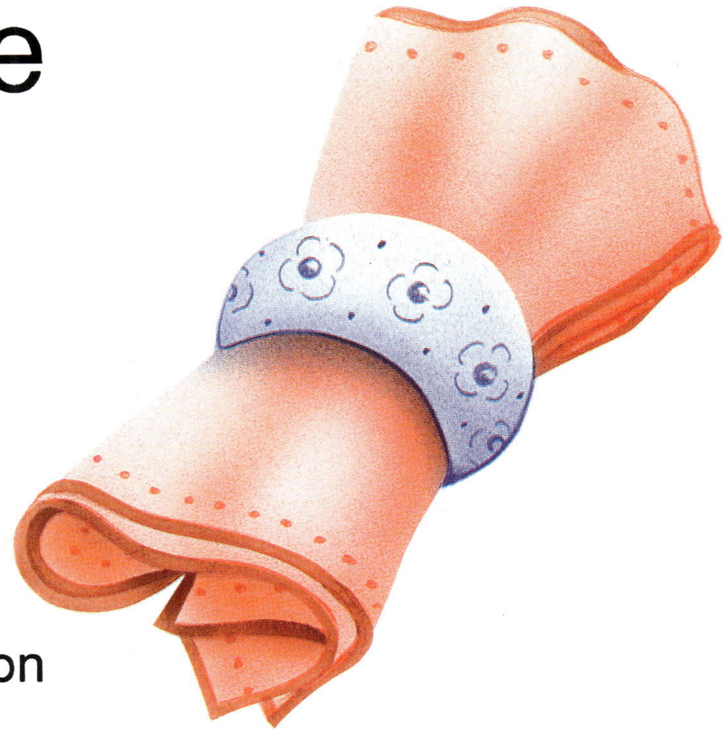

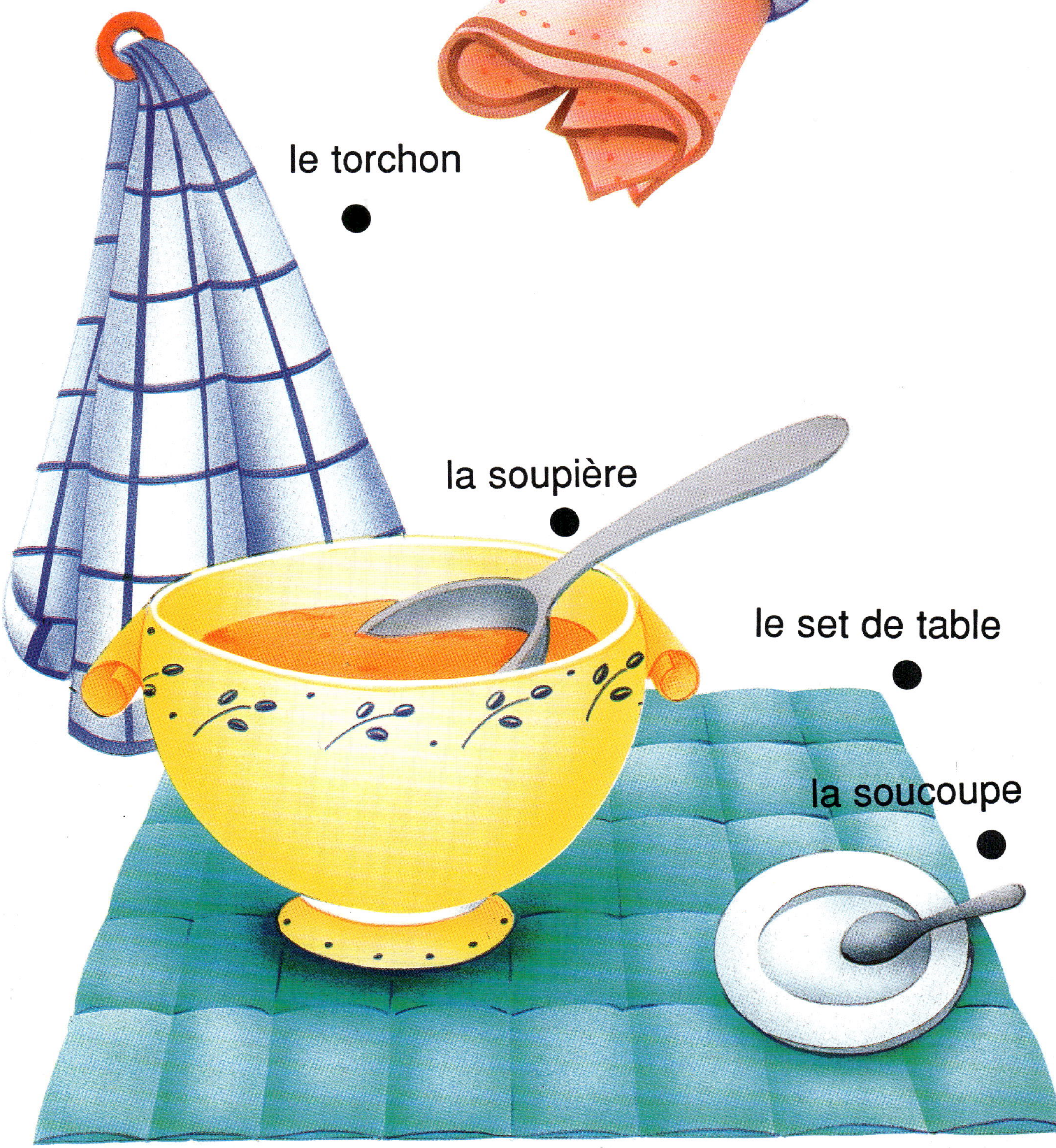

la pharmacie

Quel mot commence comme «pharmacie» ?

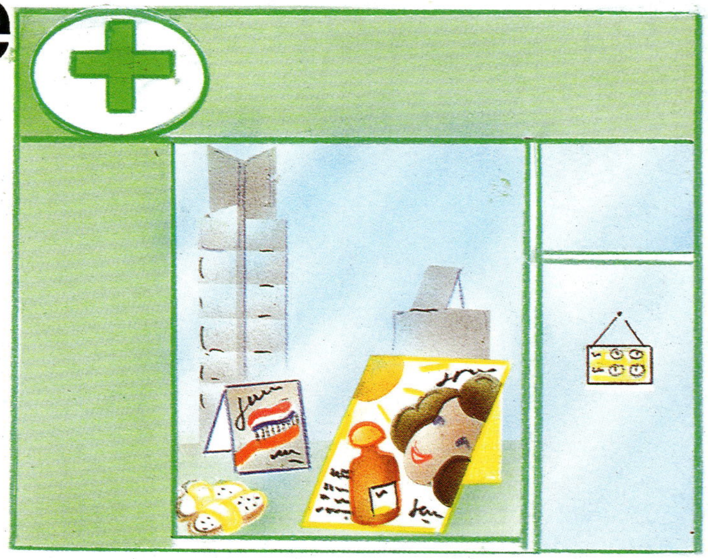

le phare

l'infirmière

les brochures

le pansement

le médicament

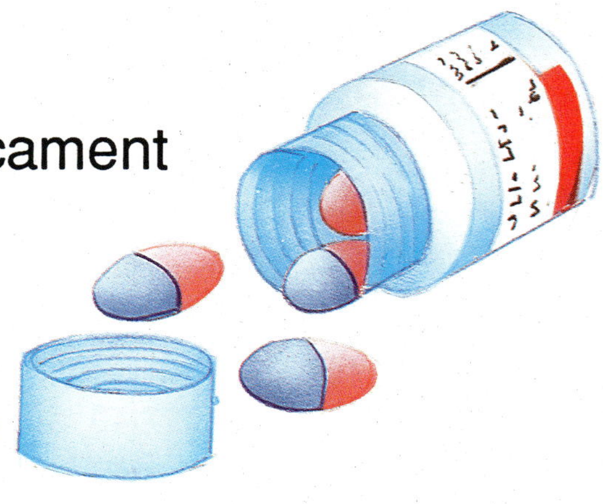

la fenêtre

Quel mot ne contient pas le son «r» ?

le carrelage

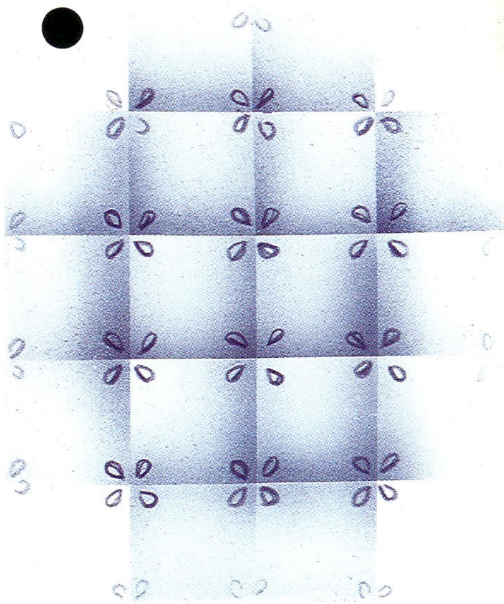

les rideaux

le volet

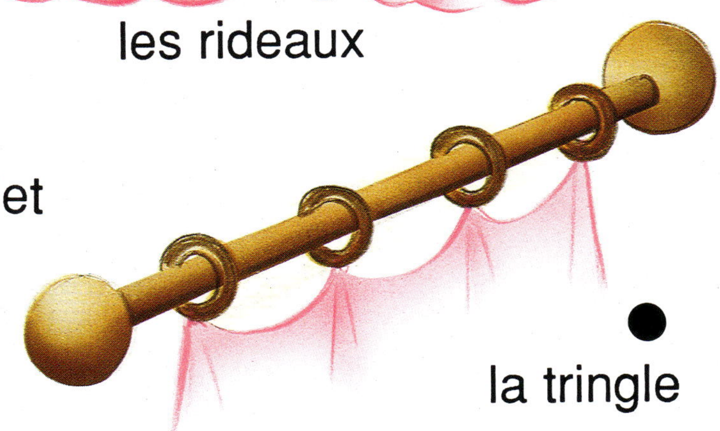

la tringle

le toit

Quels mots contiennent
le son «o» ?

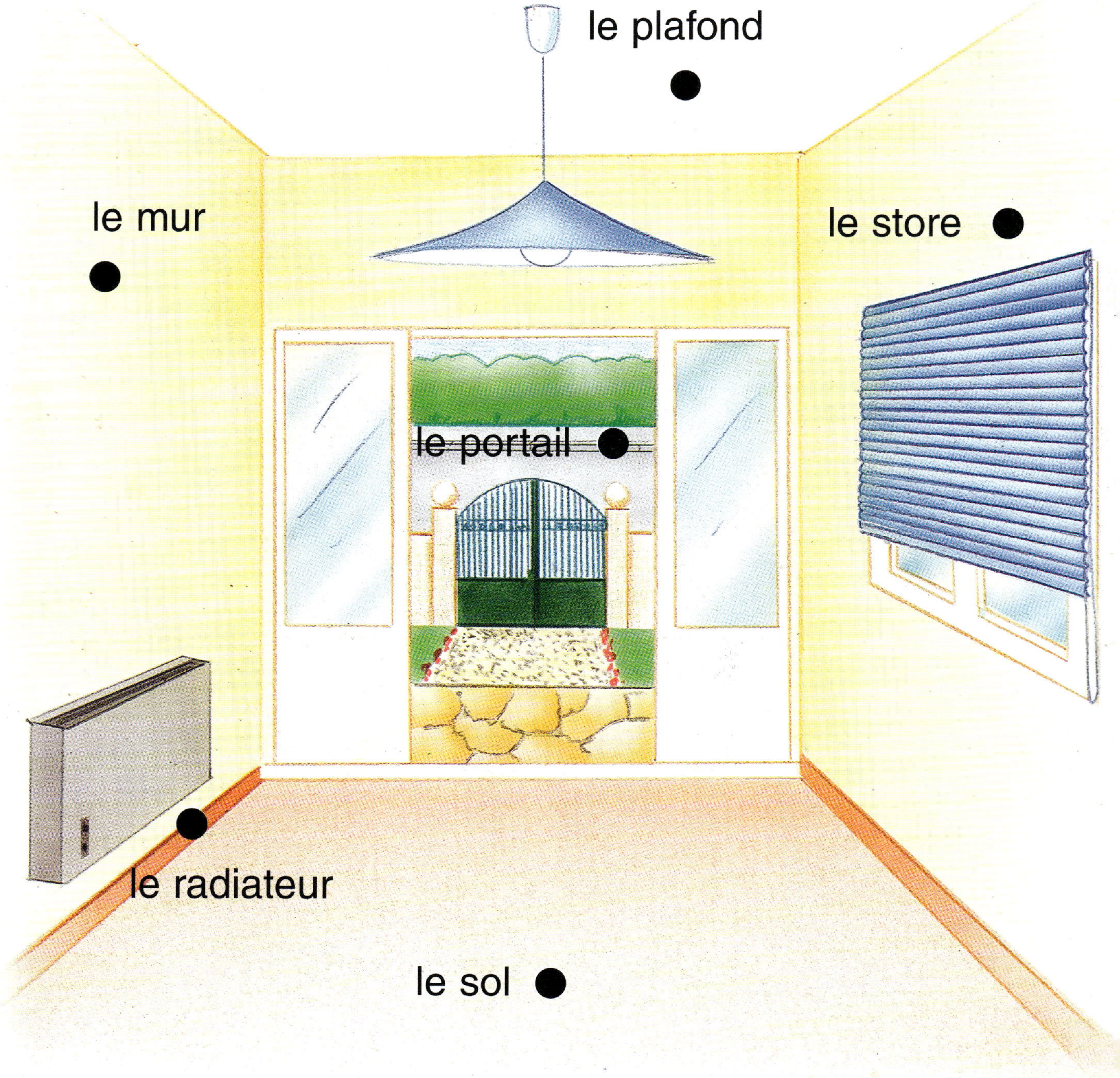

l'échelle

Quel mot ne commence pas
par le son «esc» ?

l'escabeau

l'escalator

l'escalier

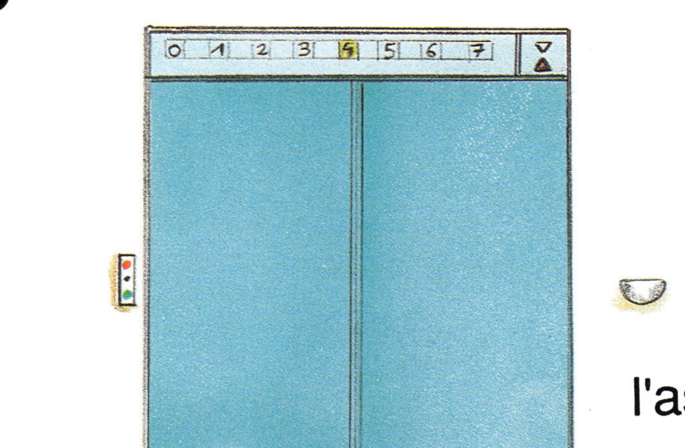

l'ascenseur

le chêne

Quel mot se prononce comme «chêne» mais n'est pas un arbre ?

le gland

le houx

le gui

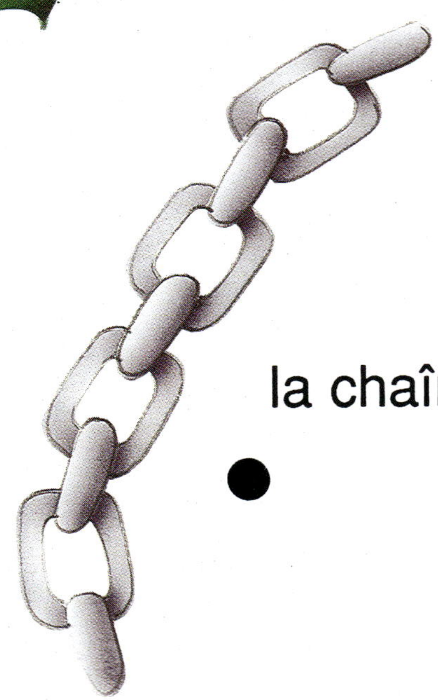

la chaîne

l’artichaut

Quels mots ne contiennent pas
le son «ch»?

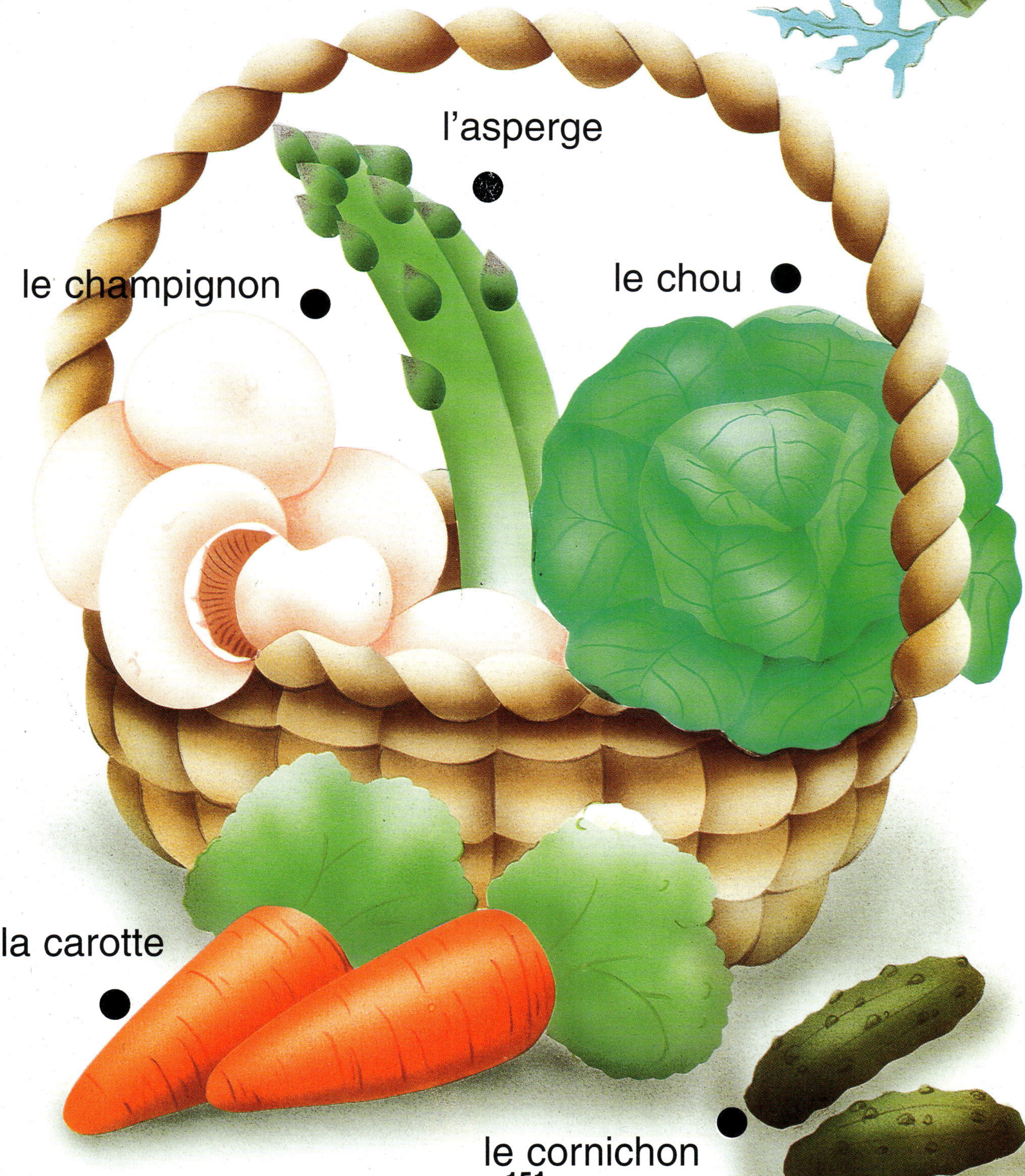

les jouets et les jeux

Quels jeux ou jouets ne commencent pas par la lettre «d» ?

le jeu de dames

la balle

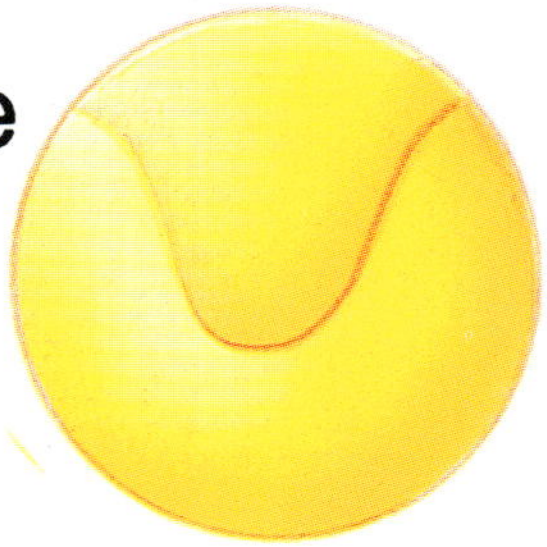

la dînette

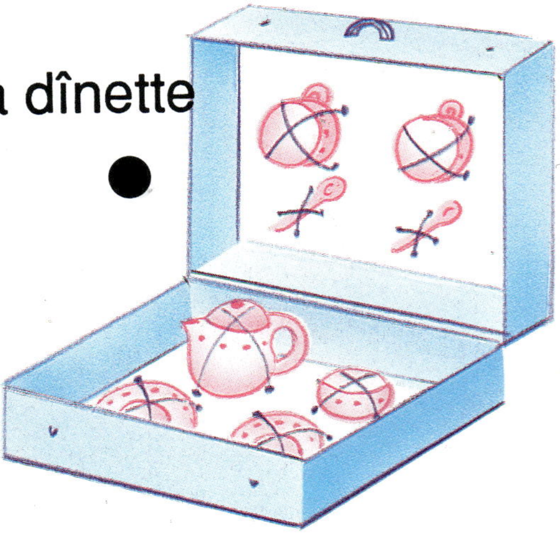

le jeu de cartes

la toupie

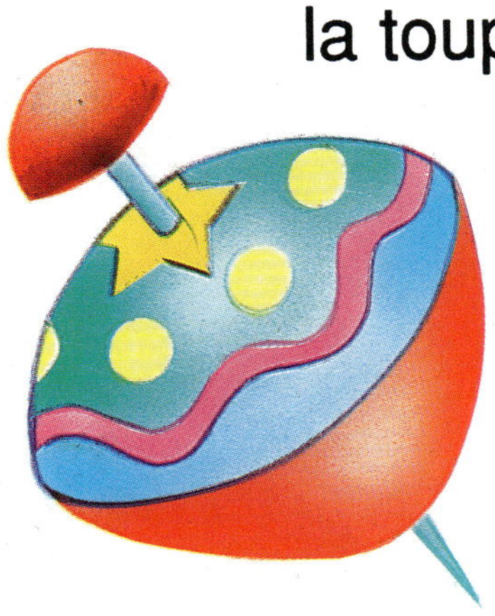

le puzzle

l'encre

Quel mot se prononce comme «encre» et appartient au bateau ?

la tache

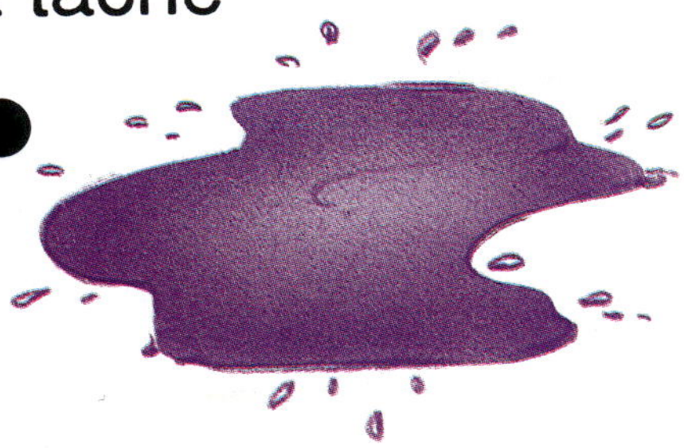

la machine à écrire

le journal

l'ancre

l'ordinateur

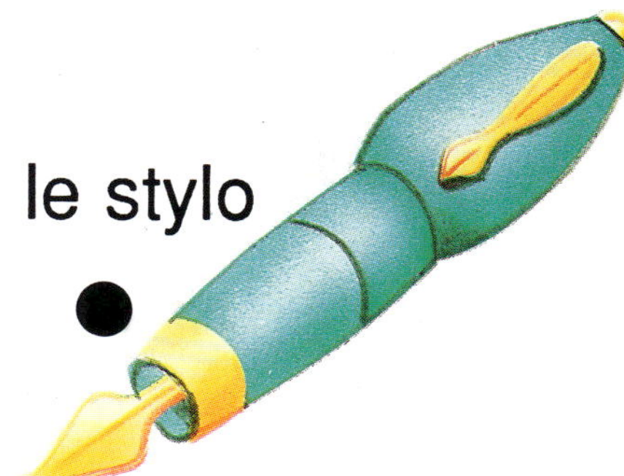

le stylo

l'anniversaire

Quel mot commence comme «anniversaire» ?

le pré

Devant quels mots met-on «le» ?

le village

la rivière

le moulin

la grange

le ruisseau

Quels mots commencent
par la lettre «r» ?

Lexique

Abeille, abricot, accordéon, acrobate, affiche, agneau, agriculteur, aigle, aiguille à coudre, aile, algue, amande, ambulance, ampoule, ananas, ancre, âne, année, anniversaire, antenne, antilope, appareil-photo, aquarium, araignée, arbitre, arbre, arc, arc-en-ciel, armoire, arrosoir, artichaut, ascenseur, asperge, aspirateur, assiette, aubergine, autobus, automne, autruche, avion, avocat.
Bac à sable, bague, baignoire, balai, balance, balançoire, balayette, baleine, balle, ballon, banane, banc, bandage, banjo, barbe, barque, barrette, basket, basket-ball, basse-cour, bassine, bateau, bâtiment, bâton de ski, batterie, bavoir, bébé, bec, beignet, béquille, berceau, béret, berger allemand, bergerie, betterave, beurre, bibelot, biberon, bibliothèque, biche, bicyclette, bidet, bière, bille, billet de banque, biscuit, blanc, blé, blouson, boa, bœuf, bois, boîte à outils, boîte aux lettres, boîte de conserve, bol, bonbon, bonhomme de neige, bonnet, bosse, botte, bouc, bouche, boucher, boucherie, bouchon, boucle d'oreille, boudin, boue, bouée, bougie, bouilloire, boulanger, boulangerie, bouquet, bouquetin, boussole, bouteille, bouton, boxe, bracelet, branche, bras, brebis, bretelle, brioche, brique, briquet, broche, brochure, brosse à cheveux, brosse à dents, brouette, brouillard, bûche, bulle de savon, bureau.
Cactus, cadeau, cadenas, cafard, café (boisson), café (lieu), cafetière, cage, cagoule, cahier, caillou, calendrier, camion, canapé, canard, caniche, caniveau, canne, canne à pêche, canoë, canot, caramel, caravane, carotte, carré, carrelage, carrosse, cartable, carte routière, casquette, casserole, cassis, castor, cavalier, ceinture, ceinture de sécurité, céleri, cendrier, cercle, céréale, cerf, cerf-volant, cerise, chaîne, chaise, chaise longue, chalet, chambre, chameau, champ, champignon, chandelle, chapeau, chapiteau, charcuterie, chariot, charpentier, charrette, chasseur, chat, château fort, chaussette, chausson, chausson aux pommes, chaussure, chauve-souris, chef d'orchestre, cheminée, chemise, chêne, chenille, cheval, chevalier, cheveu, cheville, chèvre, chevreau, chevreuil, chewing-gum, chien, chiffon, chimpanzé, chocolat, chou, chou-fleur, chronomètre, cicatrice, cigogne, cil, ciment, cirque, ciseaux, citron, citrouille, civière, clapier, clarinette, classe, clé, clémentine, cloche, clou, clown, coccinelle, cochon, cœur, coffre, coffre de voiture, col, collant, colle, collier, colline, colombe, comédien, commode, compote, concombre, conducteur, confetti, confiture, coq, coquelicot, coquillage, corail, corbeau, corbeille, corde à sauter, corne, cornichon, corps, cosmonaute, costume, coton, cou, coucou, coude, couette, couleur, coureur, courgette, couronne, coussin, couteau, couverture, cow-boy, crabe, craie, crapaud, cravate, crayon, crémerie, crêpe, crevette, crinière, crocodile, croissant, cuillère, cuisine, cuisinier, cuisinière, cuisse, culotte, cuvette, cygne, cymbales.
Dalmatien, dauphin, dé à coudre, dé à jouer, défense, déguisement, déjeuner, dent, dentifrice, dentiste, désert, dessin, dindon, dîner, dînette, dinosaure, doigt, dompteur, dos, douche, dragon, drap, drapeau, dromadaire.
Eau, ébéniste, écaille, écharpe, échelle, éclair, école, écorce, écrevisse, écume, écureuil, écurie, écuyère, edelweiss, édredon, église, électricien,

éléphant, encre, enveloppe, épaule, épée, épi, épicerie, épinard, épine, épingle, épluchure, éponge, épouvantail, équitation, escabeau, escalator, escalier, escalope, escargot, essuie-glace, étable, établi, étagère, été, étoile, étoile de mer, étrier, évier.

Facteur, famille, fantôme, faon, farine, fauteuil, fauteuil roulant, fée, femme, fenêtre, fennec, fer à repasser, ferme, fermeture Eclair, fesse, feu, feuille, feutre, feu de circulation, figue, filet de pêche, fille, flacon de parfum, flamant rose, flèche, fleur, fleuriste, flûte, foin, fourrure, fraise, framboise, frère, frite, fromage, front, fruit, fumée, funambule, fusée, fusil.

Gant, gant de boxe, gant de soirée, gant de toilette, gant en caoutchouc, garage, garçon, gardien de but, gare, gâteau, géant, genou, gilet, girafe, givre, glace, glaçon, gland, gomme, gorille, goûter, grain de beauté, graine, grand-mère, grand-père, grange, gratte-ciel, grenouille, grille, grillon, gris, groseille, grue, guéridon, gui, guimauve, guirlande, guitare.

Hache, haie, hamburger, hamster, haricot, harmonica, haut-de-forme, hélicoptère, herbe, hérisson, hibou, hippocampe, hippopotame, hirondelle, hiver, hochet, homard, homme, hôpital, horloge, hôtesse de l'air, hotte, houx, huile, huître.

Iceberg, igloo, île, immeuble, imperméable, indien, infirmière, infusion, instituteur.

Jaguar, jambe, jambon, jardin, jardinier, jaune, jeu, jeu de cartes, jeu de dames, jeu de dominos, jongleur, joue, jouet, joueur de tennis, jour, journal, jument, jupe, jus de fruit.

Kangourou, karaté, kiosque à journaux, kiwi, koala.

Lacet, laine, laisse, lait, lampe, landau, langouste, langoustine, langue, lanterne, lapin, larme, lavabo, légume, lentille, léopard, lessive, lézard, libellule, libraire, librairie, lilas, limace, lime, limonade, lion, lit, livre, locomotive, losange, louche, loup, luge, Lune, lunettes, lunettes de soleil, lutin, lynx.

Machine à écrire, machine à laver, maçon, magasin, magazine, magicien, maillot de bains, maillot de corps, main, maïs, maison, malle, manche, mandarine, mandoline, manège, mangue, manteau, marcassin, marguerite, marin, marin-pêcheur, marionnette, marmite, marmotte, marron, marteau, marteau-piqueur, mayonnaise, mécanicien, médecin, médicament, méduse, melon, menton, menuisier, mer, mère, mètre, métro, microscope, miel, mille-pattes, miroir, mitaine, mocassin, moineau, montagne, montgolfière, montre, motocyclette, mouche, mouchoir, mouette, moufle, moule, moulin, mousse, moustache, moustique, moutarde, mouton, muguet, mur, mûre, myrtille.

Nageoire, nappe, navet, neige, nénuphar, nez, niche, nid, nœud papillon, noir, noisettes, noix, nombril, nounours, noyau, nuage, nuit.

Oeil, œuf, ogre, oie, oignon, oiseau, olive, ombre, omelette, oncle, ongle, orage, orange, ordinateur, oreille, oreiller, orteil, os, otarie, ours blanc, outil, ouvre-boîtes, ouvrier, ovale.

Pagaie, pain, palme, palmier, pamplemousse, panda, panier, pansement, pantalon, panthère, pantoufle, papier, papillon, paquebot, paquet, parachute, parapente, parapluie, parasol, parking, passage piéton, passoire, pastèque, pâtes, patin à roulettes, patte, pavillon, pêche, peigne, peignoir, peintre, pélican, pelle, pelle à poussière, pelouse, péniche, pépin, perceuse, perchoir, perdrix, père, Père Noël, perroquet, perruche, perruque, persil, pétale, petit pois, petit déjeuner, pétrolier, phare, pharmacie, phoque, piano, pièce de monnaie, pied, pierre, piéton, pieuvre, pigeon, pilote, ping-pong, pingouin, pipe, pirate, placard, plafond, plage, planche, planète, plateau, plâtre, plombier, pluie, plume, pneu, poche, poêle, poignet, poil, poire, poireau, poisson, poivre, poivrier, poivron, policier, polochon, pomme, pomme de terre, pompier, porcelet, porcherie, portail, porte, porte-clés, porte-monnaie, portefeuille, portemanteau, poste, pot de fleur, potager, potiron, poubelle, pouce, pouf, poulailler, poulain, poule, poulet, poupée, poussière, poussin, pré, prêtre, prince, princesse, printemps, prune, pull-over, puma, punaise, purée, puzzle, pyjama, pyramide.

Quai, queue (animal), queue (fruit).

Racine, radiateur, radio, radis, rails, raisin, raquette, râteau, rectangle, réfrigérateur, règle, réglisse, reine, remonte-pente, renard, renne, repas, requin, rétroviseur, réveil, réverbère, rhinocéros, rideau, rivière, riz, robe, robe de chambre, robinet, robot, rocher, roi, ronce, rose (fleur), rose (couleur), roseau, rossignol, rôti, roue, rouge, rouleau à pâtisserie, roulotte, route, ruban, ruche, rue, ruisseau.

Sable, sablier, sac, sac à dos, sac à main, sachet, salade, salière, salle de bains, salon, sandale, sandwich, sang, sanglier, sapin, sauce tomate, saucisse, sauterelle, savon, scie, scorpion, scotch, seau, sécateur, sèche- cheveux, sel, selle, seringue, serpent, serre, serrure, serveur, serviette de bains, serviette de table, set de table, shampooing, shérif, short, sifflet, singe, sirop, ski, sœur, sol, soldat, soleil, sorcière, soucoupe, soupière, sourcil, souris, sous-marin, soutien-gorge, sparadrap, sport, square, stade, station service, statue, steak, stéthoscope, store, stylo, sucette, sucre.

Table, table de chevet, tableau, tablier, tabouret, tache, taille-crayons, tambour, tambourin, tante, tapis, tarte, tartine, tasse, taupe, taureau, tee-shirt, télécommande, téléphérique, téléphone, télévision, tenaille, tennis, tente, terre, têtard, tête, tétine, thé, thermomètre, ticket, tige, tigre, tire-bouchon, tirelire, tiroir, toboggan, toilettes, toit, tomate, tonneau, torchon, tortue, toucan, toupie, tournevis, tracteur, train, traîneau, tramway, triangle, tringle, trognon, trompe, trompette, tronc, trône, trottinette, trottoir, trousse, truie, tuile, tulipe, tuyau d'arrosage.

Uniforme.

Vache, vague, valise, vanille, vase, veau, vent, ventre, ver de terre, verre, verrou, vert, veste, vêtements, viande, village, vin, vinaigre, violon, vis, visage, vitre, voile, voilier, voiture, volant, volet.

Wagon.

Xylophone.

Yaourt.

Zèbre, zoo.

Imprimé et relié par Partenaires Fabrication - Dépôt légal : Octobre 1995